Paco Ignacio Taibo II
La batalla del Che

Paco Ignacio Taibo II
La batalla del Che

Planeta

COLECCIÓN DOCUMENTO (MÉXICO)

Dirección editorial: Homero Gayosso A. y Jaime Aljure B.
Diseño de la portada: Armando G. Jurado

Derechos reservados

© 1989, Paco Ignacio Taibo II
© 1989, Fascículos Planeta, S.A. de C.V.
Grupo Editorial Planeta
Av. Insurgentes Sur 1162
Col. del Valle, Deleg. Benito Juárez
03100 México, D.F.

ISBN 968-406-123-4

Primera reimpresión (México): julio de 1989

Impreso en México — Printed in Mexico

"En Santa Clara (. . .) las imágenes seguían vivas en las retinas de testigos y protagonistas y las cicatrices, visibles, ardían todavía: la historia, que no había necesitado del paso del tiempo para hacerse leyenda, seguía ocurriendo, el enemigo atacando, la revolución batiéndose, y la muerte era todavía algo que podía caer sobre cualquiera en cualquier momento."

Eduardo Galeano

Este libro es para el mexicano Jesús Anaya y los cubanos Juan Carlos Fernández, Emilio Surí, Luis Manuel García, Ángel Tomás, Froilán Escobar y Félix Guerra, guevaristas todos ellos.

NOTA

Hace 30 años, al anochecer de un 27 de diciembre, sobre la calle central de la pequeña ciudad de Placetas, en la provincia de Las Villas, situada en el centro de la isla de Cuba, comenzó a formarse una doble fila de hombres armados.

Eran menos de 300. Pertenecían a la columna 8 del ejército rebelde del Movimiento 26 de Julio. Los dirigía un médico de origen argentino de 30 años, llamado Ernesto Guevara y conocido por amigos y enemigos como el Che.

Los hombres parecían agotados, mal dormidos, mal comidos; muchos de ellos con las vendas ensangrentadas por heridas recibidas en los últimos 11 días de continuos combates. Abundaban las largas pero ralas barbas que mostraban la escandolsa juventud de la mayoría de esos muchachos de origen campesino, muchos de los cuales habían sido alfabetizados en los propios campamentos guerrilleros durante el último año.

En las próximas horas enfrentarían una guarnición de más de 3000 soldados protegida por un tren blindado, tanques y aviones, en la tercera ciudad del país, Santa Clara, pieza clave de la resistencia final de la dictadura batistiana.

Treinta y seis kilómetros los separaban de Santa Clara cuando al anochecer se dio la voz de marcha. La mayoría de ellos cubrirían esa distancia caminando.

Así nacen las leyendas.

Pero, ¿cómo se escriben, cómo se reescriben las leyendas?

Miro hacia el cenicero que está a la izquierda en mi enorme mesa de trabajo en la ciudad de México y descubro dos cigarrillos humeando. Se trata de algo más que el habitual despiste. Confieso que este libro ha sido escrito bajo el doble signo de la fascinación y el temor. Fascinación absoluta por la historia a ser narrada; temor a que se escape de las páginas; a que el narrador desde su esencialmente mexicana perspectiva no encuentre las cubanísimas claves de la historia. Temor a que el oficio y la técnica se achiquen ante la leyenda.

Fraguado y cocinado a lo largo de tres años, el libro nació, como todos, ante la insatisfecha actitud del lector que no lo encontraba en las librerías o las bibliotecas. Pero pudo concretarse gracias a la enorme generosidad de un par de docenas de colegas cubanos que me brindaron amistad, envuelta en tiempo y esfuerzos, solidaridad gremial y paciencia (a cado uno se lo agradezco en concreto en el epílogo bibliográfico que culmina este trabajo). Por ellos no quedó en el aire la obra y a mis manos fueron llegando artículos y contactos, sugerencias y fotocopias, recortes y números de teléfono, que a lo largo de tres estancias en Cuba me permitieron culminar la investigación.

Contra mi habitual proceder (llegué a la historia por el camino del reportaje, y mucho de mi trabajo de historiador le debe a éste sus virtudes), el libro se fue armando a partir de materiales indirectos, básicamente artículos de revista y diario. La labor de atrapar al fantasma, que luego de haber tomado Santa Clara siguió y sigue recorriendo América Latina, fue entonces solamente labor de reconstrucción informativa, de reorganización de datos y armazón narrativa. Así como poco hay de investigación directa con testigos, poco hay de experimentación y búsqueda formal en este texto. Desde el origen pensé en contar seca y fríamente una historia basada en el testimonio de dos o tres centenares de actores de los hechos y captado por un centenar de colegas.

No sé si mínimamente lo habré logrado. Si el lector podrá seguir a esos hombres camino a Santa Clara.

En el temor, apago el doble cigarrillo, dejo la máquina y me hundo en la noche de mi ventana que me abre a la ciudad de México, tan cerca y tan lejos de Santa Clara, a sabiendas que poco puede hacer una nota introductoria para mejorar la narración de la historia que aquí sigue.

Taibo II

I

"LA MANCHA AZUL" VISTA A LO LEJOS

A fines del verano de 1958, la revolución cubana, a la búsqueda de su segundo año de vida (el desembarco del Granma se había producido en diciembre de 1956), daba un salto cualitativo. Tras la derrota veraniega de la ofensiva del ejército batistiano, en la que la dictadura había utilizado a sus fuerzas de élite y concentrado su poderío terrestre y aéreo para tratar de destruir el corazón de la revolución en la Sierra Maestra,[1] Fidel Castro ordenó una serie de operaciones de desarrollo del ejército rebelde que, además de incluir la expansión de las acciones en la provincia de Oriente —donde se formaban nuevas columnas y se desarrollaba el II Frente bajo el mando de Raúl Castro,[2] incluían un arriesgado y brillante proyecto que habría de pasar a los libros de historia bajo el nombre de "la invasión".

Dos columnas guerrilleras[3] al mando de Camilo Cienfuegos y el Che Guevara habrían de reproducir una de las gestas independentistas del siglo XIX, llevar la guerra revolucionaria desde las montañas de oriente hasta la provincia central de Las Villas y más allá aún, a la provincia de Pinar del Río en el occidente extremo de la isla.

El proyecto de Fidel, que debería realizarse a toda prisa antes de que la dictadura pudiera reponerse del revés sufrido en la ofensiva del verano, tenía varias implicaciones estratégicas fundamentales: Al llevar la lucha armada al centro de la isla, se produciría un corte en las comunicaciones entre la capital del país y la zona oriental, permitiendo aislar esta región que, había demostrado su potencial revolucionario y donde el ejército rebelde tenía su base de operaciones y comandancia central en la Sierra Maestra. Aislar una zona donde la revolución concentraba su poder. Por otro lado, la expansión guerrillera a Las Villas de la columna del Che planteaba la posibilidad no sólo de extender la guerra sino también de unificar, bajo el mando del 26 de Julio, a las diferentes fuerzas revolucionarias que allá se encontraban operando y darles una mayor consistencia militar. Un tercer factor de tipo propagandístico estaba concebido en el plan que lanzaba a Camilo Cienfuegos, uno de los más brillantes comandantes guerrilleros de la Sierra Maestra, hacia Pinar del Río. A su paso se preveía la reunión de unidades dispersas, la constitución de nuevos frentes guerrilleros, la unificación efectiva del mando de las milicias, la vinculación militar en la práctica de la sierra y el llano cuya desincronización y discrepancia estratégica había sido uno de los grandes problemas para la conducción de la guerra ejercida por Fidel como se había mostrado en el fracaso de la huelga revolucionaria de abril del 58.[4]

Las columnas de Guevara y Camilo deberían cruzar, en una primera fase, unos 600 kilómetros de territorio dominado por la dictadura hasta consolidarse en la provincia de Las Villas. De ahí, Camilo debería reiniciar su marcha hacia Pinar del Río.

Entre las muchas acciones notables de la guerra revolucionaria cubana, "La invasión" parece encontrarse en la categoría de esas hazañas imposibles que al paso del tiempo se convierten en leyendas y que por más veces que se narran y por mayor precisión de detalles que se ofrecen, siempre dejan en el lector el sabor de estar asistiendo a una historia increíble.

La columna número dos, "Antonio Maceo", al mando de Camilo y con unos 80 hombres, partió de la Sierra Maestra el 21 de agosto de 1958; una semana más tarde, la columna número 8, "Ciro Redondo", encabezada por el Che y con unos 140 hombres, iniciaba un recorrido casi paralelo.[5]

La columna del Che que llevaba como segundo comandante a Ramiro Valdés, expedicionario del Granma y asaltante del Moncada, uno de los cuadros históricos del 26 de julio, estaba formada por una combinación de combatientes veteranos de la ex columna cuatro, jóvenes de origen campesino alzados desde el 57, y reclutas de la escuela de Minas del Frío, así como algunos combatientes integrados tras la derrota de la ofensiva batistiana. La experiencia guerrillera estaba depositada en cuadros como Joel Iglesias (17 años, con grado de capitán durante la invasión), Roberto Rodríguez ("El Vaquerito", 23 años), los tenientes Alfonso Zayas, Ramón Pardo ("Guile"), Rogelio Acevedo (20 años),

Manuel Hernández; combatientes destacados como Eliseo Reyes, "San Luis" (16 años) o Carlos Coello (18 años). En la columna marchaban dos cuadros del PSP, veteranos de la Sierra Maestra, el teniente Pablo Ribalta y el capitán Armando Acosta, nativos de Las Villas y cuyos contactos en la zona podían ser esenciales.[6]

Durante 50 días, marchando a pie, saliendo de la provincia de Oriente, cruzando Camagüey y entrando en Las Villas, los "invasores" de la columna 8 recorrieron aproximadamente 677 kilómetros rompiendo cercos, combatiendo a fuerzas del ejército, sorteando emboscadas de tropas que los superaban abrumadora-

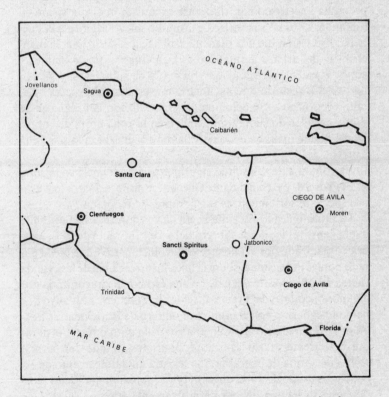

La provincia de Las Villas estaba estratégicamente situada entre La Habana y la Sierra Maestra en el oriente de Cuba. La implantación ahí de un frente guerrillero podría cortar la isla en dos.

mente en número, siendo bombardeados varias veces, soportando un ciclón, durmiendo en zonas inundadas, perdiendo y retomando el contacto con militantes del 26 de Julio y el PSP, cargando armas y municiones, heridos a veces, comiendo un promedio de dos veces por semana (en 15 ocasiones en total), con los pies llagados por la marcha y los hongos, enfermos, agotados. Con tan sólo 3 muertos y heridos, la pérdida de 10 hombres que terminaron uniéndose a la columna de Camilo y 8 hombres dados de baja, los invasores de la Ciro Redondo arribaron al Escambray el 16 de octubre, ''cuando la situación era más tensa, cuando ya solamente el imperio del insulto, de ruegos, de exabruptos de todo tipo podía hacer caminar a la gente exhausta, una sola visión en lontananza animó sus rostros e infundió nuevo espíritu a la guerrilla. Esa visión fue una mancha azul hacia el occidente, la mancha azul del macizo montañoso de Las Villas''.[7] Paulatinamente entraron en contacto con hombres del 26 de Julio, el PSP y guerrilleros del Directorio Revolucionario que estaban a la espera.[8] Camilo Cienfuegos y su columna habían realizado la hazaña en 31 días y establecido su punto de apoyo en la zona norte de la provincia donde operaba una guerrilla del PSP encabezada por Félix Torres.

La columna del Che situó su primera comandancia en la zona de El Pedrero, y el comandante Guevara se dispuso a sacar los ''trapos sucios al sol'' mientras sus hombres se reponían.[9]

La situación en El Escambray era harto confusa. En la región se había constituido, desde febrero del 58, el II Frente de El Escambray organizado por el Directorio Revolucionario[10] que había pasado por las indecisiones sobre la línea insurreccional de la segunda fuerza revolucionaria del país[11] y una escisión protagonizada por algunos miembros del Frente dirigidos por Gutiérrez Menoyo que habían negociado con el grupo politiquero de Prío Socarrás a espaldas del Directorio creando una guerrilla que conservó el nombre de II Frente. Además de estos dos grupos armados, en la zona en la que habría de operar el Che, existía un destacamento de escopeteros del 26 de Julio dirigido por el comandante Víctor Bordón que se habían alzado definitivamente tras los sucesos de abril.[12]

El 16 de octubre la columna 8 acampó en la finca Cantú, ya en las estribacionese de El Escambray. Los hombres se bañaron, se tomó café, los guerrilleros del Directorio, que habían venido actuando como prácticos desde el día anterior, se movilizaron hacia su campamento de Dos Arroyos para informar a la jefatura de su columna de la llegada del Che. Mientras las fuerzas se reponían el Che tuvo conocimiento de una circular del comandante Jesús Carrera dirigente del II Frente de El Escambray en la que prohibía el paso a tropas rebeldes por las zonas que su organización controlaba.[13] Esta información no pudo haberle causado más que una doble reacción, por un lado una sonrisa, por el otro la preocupación por el sectarismo que la nota traslucía.

El Che sabía que tenía el tiempo encima. Las elecciones programadas por la dictadura para el 3 de noviembre se le venían encima. Tenía la orden de comenzar a hostilizar el transporte y cortar las comunicaciones, tenía enfrente las grandes divisiones de las organizaciones armadas y a eso se sumaba la difícil tarea de consolidar una base y una zona de operaciones. En palabras del Che: "El tiempo era corto y la tarea enorme."[14]

En los siguientes días comenzó a entrevistarse con los dirigentes de las fuerzas rebeldes de la región. Primero absorvió un pequeño grupo del 26 de Julio que operaba en la zona y había tenido conflictos con las tropas del II Frente.[15] El día 20 de octubre la columna de Víctor Bordón respondiendo a una nota del Che en la que le ordenaba reunirse con él "tratando de esquivar todo tipo de encuentro con las tropas del II Frente" llegó a Las Piñas.[16]

Víctor Bordón, barba cerrada, gran bigote, amplia sonrisa, un sombrero negro que recuerda al de los *cowboys* norteamericanos, acaudilla a 210 hombres mal armados. Son el resultado de los trabajos del 26 de Julio para organizar en Las Villas una guerrilla rural, que ha pasado por grandes altibajos. El propio Bordón, alzado desde noviembre de 1956 al huir de la represión, reúne en los dos últimos años de su biografía personal todos los pormenores de la historia: intentos por reincorporarse a la clandestinidad urbana, por montar una fuerza autónoma que opere en las montañas, o por sumarse a la Sierra Maestra, y en los últimos meses el trabajo de organizar una concentración de hombres que han tenido que enfrentarse con los dirigentes del II Frente, quienes consideran Las Villas como su provincia, su coto privado, y aunque no han realizado acciones militares importantes contra la dictadura, mantienen la Sierra del Escambray como una zona "liberada" propia. En

Reunión en Dos Arroyos de la dirección de la columna 8 del 26 de Julio y de los dirigentes del DR 13. En cuclillas a la izquierda: Jorge Martín y Raúl Nieves. De pie, de izquierda a derecha: Jorge Martín y los comandantes Humberto Castelló, Faure Chomón, René Rodríguez, Rolando Cubela, Ernesto Che Guevara y Ramiro Valdés.

los últimos días el propio Bordón ha sido detenido por las tropas del II Frente y algunos de sus hombres emboscados y desarmados por las patrullas de éste.

Bordón había dejado 30 hombres en su zona de operaciones y acudido con el resto a la cita con el Che. El comandante Guevara adoptó frente al grupo su actitud habitual, señaló la férrea disciplina a la que habrían de integrarse dentro del marco de la columna 8 y ofreció el licenciamiento a los que quisieron retirarse. Sólo 30 abandonaron. Bordón sustentaba el grado de comandante, el Che le ofreció el de capitán dentro de las fuerzas reorganizadas. El obrero azucarero aceptó sin resabios; está claro que Guevara y sus invasores vienen a organizar la guerra en serio y qué más quiere este hombre que la ha estado buscando en los últimos años en multitud de callejones sin salida.[16]

Al día siguiente Guevara se entrevista en El Algarrobo con Faure Chomón y los dirigentes del Directorio Revolucionario.[17] La reunión en la que participa Ramiro Valdés y los comandantes del Directorio Rolando Cubela, Humberto Castelló y Raúl Nieves, llega rápidamente a fundamentales acuerdos: impulsar acciones conjuntas contra los cuarteles de la dictadura, iniciándolas con un ataque sobre el cuartel de Güinía de Miranda en la propia sierra, sobre la base de la repartición de las armas capturadas; establecimiento de una cierta división territorial entre las dos fuerzas basada en el reconocimiento de sus mutuas zonas de influencia, pero con libertad de movimiento de las columnas dentro de éstas; en resumen, crear las condiciones para la acción conjunta y el paso a la ofensiva. Los hombres del Directorio, bien organizados y con una trayectoria memorable de combatientes en la clandestinidad urbana, sienten que la presencia del Che puede romper la inmovilidad que los conflictos con el II Frente han creado en El Escambray. Le señalan al Che la imposibilidad de actuar unitariamente con aquéllos, y denuncian su sectarismo, la politiquería del grupo y sus agresiones a los campesinos. El Che les contesta que él tiene una orientación de Fidel de proceder unitariamente y por lo tanto se ve obligado a tratar de reunir en la acción a todas las fuerzas; eso incluye a los del II Frente, que incluso militarmente son más importantes que la guerrilla del Directorio.[18] Esto no impide que se trace un proyecto unitario entre la columna Ciro Redondo y las fuerzas del Directorio. El inmediato resultado de las conversaciones se plasma en dos documentos, uno firmado por el Che a nombre del 26 y otro por Chomón como secretario general del DR. En el primero se habla de "esperanza de (. . .) una unión integral entre todos los grupos combatientes en esta región cubana para el logro común de extinción de la dictadura" y en el segundo de la "fe en la unión de la heroica y nueva generación representada por el Directorio Revolucionario y el Movimiento 26 de Julio".[19]

Un acuerdo quizá tan importante como los anteriores, es que el Che ubicará su comandancia en la zona en la que actúa la guerrilla del Directorio, en estos primeros días en una finca conocida como Las Piñas, de manera que puede operar en una región liberada donde se encontrará con relativa seguridad.

El 23 de octubre el Che redacta la última parte de su informe a Fidel sobre la invasión[20] y dos días más tarde se entrevista de

El Che con combatientes de su columna en Güinía de Miranda, en el centro a su derecha, el teniente Rogelio Acevedo.

nuevo con Faure para coordinar el primer ataque a uno de los cuarteles del ejército en la Sierra, el de Güinía de Miranda. En un mensaje a Fidel el Che reseña: "Tengo intenciones de hacer descansar dos días a la tropa, reorganizar a la gente que queda aquí, dar todas las instrucciones necesarias para la creación de todos los centros que necesitamos para el cuartel general. . . y salir con parte de la tropa y la mala *bazooka* a destrozar cuarteles".[21]

El Che había tenido una reunión previa con el comandante Peña del II Frente quien les prohibió atacar Güinía por estar dentro de la zona "liberada" por ellos y les preguntó si pensaban quedarse en Las Villas, a lo que Guevara tajante contestó que sí, y que les daba una semana para tomar Güinía o lo harían los hombres de su columna.[22]

El 26 de octubre a las 10.30 de la noche un par de pelotones de la columna 8 atacaron el puesto de la guardia rural de Güinía donde había una guarnición de 14 soldados. Tras varias horas de combate, un bazukazo lanzado por el propio Che, desesperado porque el arma estaba en malas condiciones y su operador habitual fallaba, definió el encuentro. Ramiro Valdés encabezó el grupo de combatientes que entraron al cuartel desarmando a los soldados.[23] La operación aunque exitosa, porque culminó con 1 muerto, 4 heridos y 9 soldados prisioneros y el cuartel incenciado, con lo que ahí ya nunca volverían a instalarse tropas de la dictadura, había estado llena de imprecisiones, se habían gastado demasiadas municiones, la bazuka era un desastre, la columna aún no funcionaba de una manera coordinada.

Pero la importancia de la operación iba más allá de los resultados obtenidos, había establecido la nueva dinámica de la lucha en El Escambray, llegar y combatir, no dar respiro al enemigo.

Mientras lanzaba a sus pelotones a hostigar las comunicaciones, ya con las elecciones fantasma de Batista encima, el 27 de octubre el Che se dirigió a Caballete de Casa, en plena Sierra, donde quería establecer un campamento permanente y bien organizado en el que crearía un hospital, una comandancia y una escuela para las decenas de reclutas que estaban llegando a sumarse.

Parte del campamento del Che en El Pedrero.

Los últimos días de octubre y los primeros de noviembre "fueron de extraordinaria actividad; nuestras columnas se movilizaron en todas direcciones, impidiendo, casi totalmente, la afluencia a las urnas de los votantes de esa zona". En Las Villas, sin embargo, el abstencionismo, fuera de la región de El Escambray y los llanos donde operaba Camilo, se logró "en forma espontánea, ya que no hubo tiempo de organizar sincronizadamente la resistencia pasiva de las masas y la actividad de las guerrillas".[24]

El fenómeno, similar en el país, donde se alcanzaron cuotas de abstención del 95% y promedios del 80% impidió a la dictadura cubrirse con un manto de legalidad y Batista impuso fraudulentamente a su candidato Andrés Rivero Agüero.

Mientras los invasores desarrollaban sus primeras acciones armadas, el Che se vio obligado a un nuevo enfrentamiento, ahora dentro de las filas del propio Movimiento 26 de Julio, con la dirección regional de Las Villas. El Che le había propuesto a la clandestinidad el asalto a un banco para financiar las urgentes necesidades que el gran desarrollo que preveía en la zona iba a generar. Enrique Oltuski coordinador de la región en El Llano respondió negándose, con el argumento de que ni Fidel lo había hecho cuando en la Sierra no había qué comer. Para presionar en favor de su actitud amenazaba al Che con la renuncia de las direcciones de los pueblos, se negaba a que la tesorería se depositara en la Sierra y exigía al Che un recibo. La carta caía sobre una serie de desconfianzas que el Che ya había reseñado a Fidel en su informe sobre la invasión, durante la cual le había resultado más fácil a la columna 8 recabar apoyo de los recién llegados al proyecto insurreccional, miembros del PSP, que de las propias fuerzas urbanas del 26 de Julio, y se inscribía en los famosos debates entre la Sierra y El Llano que habían culminado tras la derrota de la huelga de abril en la centralización de la dirección de la guerra en manos de Fidel y la Sierra Maestra.

El Che respondió indignado:

"Cuando pedimos ayuda a las clases que podrían sufrir en sus intereses por el asalto, nos respondieron con evasivas para, finalmente, traicionarnos como ocurrió con los arroceros en la reciente ofensiva. Según quien me trae la carta, las direcciones de los pueblos amenazan con renunciar. Estoy de acuerdo con que lo hagan. Más aún lo exijo ahora (. . .) Me veo en la necesidad de recordarte que he sido nombrado comandante en jefe, precisamente para dar una unidad de mando al Movimiento y hacer las cosas mejor (. . .) barreré, con la autoridad de la que estoy investido, con toda la gente floja de los pueblos aledaños a la Sierra. No pensé que vendría a ser boicoteado por mis propios compañeros (. . .) Me pides un recibo con mi firma, cosa que no acostumbramos a hacer entre compañeros (. . .) No se me hubiera ocurrido pedírtela a ti sobre nada, aunque le exigiría cien a Gutiérrez Menoyo''.[25]

La carta culminaba invitando a Oltuski y al jefe de acción de Las Villas, Víctor Paneque, a que subieran a entrevistarse con él en la Sierra.

Las dificultades quedaron zanjadas, y no se volvieron a presentar en el resto de la campaña de Las Villas.

Otro logro de la columna 8, fue una profundización de las relaciones con los campesinos.

El desarrollo de un pequeño proyecto de Reforma Agraria, que seguía las huellas del decretado en la Sierra Maestra el 3 de noviem-

El Che al inicio de la campaña de Las Villas.

bre, se había concretado en El Escambray en una supresión del pago de las rentas de los trabajadores arrendatarios a los grandes propietarios. "De hecho avanzábamos con la Reforma Agraria como punta de lanza del ejército rebelde."[26]

Por último el Che, tratando de alcanzar uno de los objetivos señalados por Fidel, intentó mejorar las relaciones con la dirección del II Frente, pero tras una entrevista con Carrera, en la que el comandante del II Frente estaba medianamente borracho, lo más que logró fue un "*Statu quo* donde se nos permitía hacer la Reforma Agraria en toda la zona perteneciente al II Frente siempre y cuando se les permitiera a ellos cobrar tributos". A partir de este momento las relaciones se congelaron. El II Frente se replegó a la región que dominaba y permaneció a la expectativa.[27]

El 7 de noviembre el Che se dirigió por escrito a la dirección del Directorio Revolucionario señalando que las relaciones con el II Frente habían hecho crisis, por lo tanto no había posibilidad de acuerdo con ellos, lo cual "abría la vía de entendimiento con el Directorio". En la misma nota informaba de la actitud unitaria del PSP, que había puesto a disposición de la comandancia del 26 en Las Villas su organización en El Llano y la guerrilla de escopeteros que se mantenía activa en la zona de operaciones de Camilo, y pedía a Chomón que fijara cita para celebrar "conversaciones concretas". El día 13 el Directorio contestaba formalmente aceptando iniciar las conversaciones y días más tarde éstas se produjeron en La Gloria.

Chomón recordaría años después: "La primera parte de la reunión fue un análisis de la conducta del grupo de Eloy Gutiérrez (. . .) El Che consideró la posibilidad de que conjuntamente los enjuiciáramos como traidores y cuatreros y ejercer una acción enérgica sobre ellos antes de iniciar la ofensiva rebelde. No obstante consideramos que ello atrasaría la ofensiva sobre el ejército de Batista. . ."[28]

En esta primera reunión se fijaron una serie de operaciones conjuntas contra un par de cuarteles de la zona de la Sierra. Los acuerdos eran coincidentes con el inicio de una nueva campaña en la Sierra Maestra. Fidel, el mismo día 13, había lanzado desde Radio Rebelde un llamado para bloquear el tráfico militar hacia Oriente.[29]

En los últimos días de noviembre las fuerzas combinadas del 26 de Julio y el Directorio atacaron los cuarteles de Caracusey y Banao produciendo bajas entre los soldados, pero sin tomarlos,[30] y realizaron una gran cantidad de acciones de bloqueo y emboscadas en las carreteras, cortes de postes de luz y vías férreas y atentados contra convoyes militares.

Las condiciones para el establecimiento de un pacto unitario formal entre el 26 de Julio y el Directorio en la región de Las Villas estaban dadas, y el 1o. de diciembre éste se firmó en el campamento del Che en El Pedrero.[31] El Pacto que establecía la unidad de acción de ambas organizaciones ("perfecta coordinación en sus acciones militares") dejaba públicamente de lado el problema del mando de las fuerzas conjuntas, aunque implícitamente éste quedaba en manos del Che, como combatiente de mayor antigüedad y jefe militar de la fuerza más importante.[32]

Mientras el documento era firmado por el Che Guevara por el 26 de Julio y Castelló y Cubela por el Directorio, la ofensiva de las fuerzas del ejército batistiano ya se había iniciado. El Pacto de El Pedrero, como habría de ser conocido, fue firmado en medio del estallido de las bombas.

La aviación había bombardeado anteriormente la zona de El Escambray, y algunas patrullas militares incursionaron en la zona controlada por el Directorio; pero desde la llegada del Che ésta era la primera penetración militar en la región.

En mes y medio el Che había reorganizado a sus invasores, había sumado a su columna las fuerzas guerrilleras que el 26 mantenía en la Sierra, había subordinado a las milicias y las fuerzas clandestinas de El Llano dentro de un plan unificado, había lanzado un proyecto de reforma agraria en El Escambray, había firmado un pacto unitario con el Directorio, había hostigado los cuarteles batistianos en la zona destruyendo uno de ellos, y había creado una serie de campamentos en los que entrenaba en esos momentos una fuerza de reserva importante.

Ahora sólo le quedaba consolidar todos estos avances derrotando a la primera ofensiva batistiana de envergadura que le venía encima.

El ejército concentró un millar de soldados apoyados por seis blindados, bazukas, morteros y con soporte aéreo,[33] que avanzaron en tres direcciones con dirección a El Pedrero, tras haberse concentrado en la ciudad de Fomento.

El Che, siguiendo la experiencia obtenida durante la ofensiva batistiana del verano en la Sierra Maestra, diseñó una defensa muy flexible para desgastar el avance enemigo, con zonas minadas y emboscadas que se replegarían lentamente hasta los puntos de defensa principal.

El Che dispuso a sus fuerzas de la siguiente manera: en la entrada de Fomento a El Pedrero, las tropas de Bordón, el grupo de Camilo Cienfuegos que se encontraba de visita en la región en conversaciones con el Che, y el pelotón de Manuel. En el acceso de Cabaiguán a El Pedrero los pelotones de Ángel Frías y Manuel Hernández y en el camino de Sancti Spiritus a El Pedrero las tropas de Joel Iglesias. El 29 se iniciaron los combates con un bombardeo sobre los campamentos de Manacas, Gavilanes y El Pedrero.

El 30 de noviembre una de las columnas del ejército avanzó por la zona de Santa Lucí donde el comandante Guevara había situado el pelotón del teniente Manuel Hernández, jefe de la vanguardia durante la invasión, un combatiente de 27 años de origen campesino, minero más tarde, alzado en la Sierra Maestra desde mayo del 57. Los rebeldes se replegaron hacia una segunda posición, en La Victoria, combatiendo. Allí la presión creció y se vieron obligados a replegarse de nuevo. El Che empleó entonces al pelotón del teniente Alfonso Zayas, un joven de 21 años alzado desde noviembre de 1956 y veterano de la Sierra Maestra, que fortificó la posición de la Loma del Carpintero y luego pasó al ataque.

Una segunda columna del ejército chocó en Las Tunitas, un pequeño caserío, contra las fuerzas del capitán Joel Iglesias, uno de los alzados más jóvenes (18 años) campesino y veterano de los combates de la Sierra Maestra, que la hizo retroceder.

Una tercera columna llegó hasta la finca Buenavista, donde se enfrentaron al pelotón de Rogelio Acevedo al que apoyaban algunas fuerzas de Víctor Bordón y el propio Camilo Cienfuegos.

Los rebeldes no sólo frenaron la ofensiva sino que además destruyeron un tanque del ejército.

El día primero, el Che informó: "los esfuerzos del enemigo por avanzar fueron frustrados en todo el frente de combate, ocasionándoles muchas bajas".[34]

El día dos, el ejército desistió de atacar en la zona en la que operaba el pelotón de Iglesias y los combatientes de la columna dos con Camilo al frente comenzó a retirarse. El ejército rebelde pasó al contraataque, un nuevo tanque fue destruido, se hicieron muchas bajas y se capturaron armas y municiones. En su repliegue, los militares incendiaron las viviendas de 21 campesinos con el fuego de los tanques.

Tras un breve reposo, el día tres de diciembre, las fuerzas batistianas, con la moral muy baja, intentaron un nuevo asalto cambiando de frente, y apoyándose en la aviación, pero la vanguardia de sus tropas cayó en una emboscada de dos pelotones rebeldes dirigidos por Alfonso Zayas y Roberto Rodríguez, "El Vaquerito", uno de los más valientes combatientes de la columna. Ocho soldados cayeron muertos y trece heridos cerca de Santa Lucí. En poder de los rebeldes quedaron una ametralladora calibre 30, tres ametralladoras browning, 10 garand y municiones; en el combate se destacó Eliseo Reyes, "San Luis", que fue ascendido a teniente.

El día 5 el ejército no hizo ya ningún nuevo intento y comenzó a replegarse hacia Santa Clara. La iniciativa militar en toda la región quedaba en manos del Che. La ofensiva gubernamental de noviembre-diciembre había sido un paralelo del frustrado intento de la del verano contra la Sierra Maestra y en ésta, al igual que en aquélla, los militares habían sido derrotados.

El 4 de diciembre salió al aire la planta radial 6-8-CR de la columna del Che Guevara y el 7 la C2 AM de la columna de Camilo Cienfuegos. El enlace con la Sierra Maestra podía obviar ahora la lentitud de los mensajes transportados de mano en mano y podría, a través de las plantas radiales, hacerse directamente.[35]

Mientras Camilo continuaba haciendo estragos en las comunicaciones del ejército en la zona norte de Las Villas, acosando cuarteles, colocando emboscadas, destruyendo las líneas telefónicas, organizando a los trabajadores de los ingenios, el Che dedicó su principal esfuerzo a la organización de sus bases en El Escambray. Fortificó Gavilanes y El Pedrero, instaló un pequeño hospital, colocó defensas antiaéreas, construyó campamentos, y fundó una importante escuela de reclutas en Caballete de Casa, para organizar a decenas de campesinos y militantes "quemados" en las ciudades de Las Villas que venían a unirse a su columna. El trabajo político con los campesinos de la zona se intensificó, comenzó la instrucción de los reclutas a cargo del teniente Pablo Ribalta, el maestro de escuela del PSP que se había unido al Che en la Sierra Maestra y participado en la Invasión.

La base de Caballete estaba pensada como campamento permanente para una lucha que el Che concebía larga. Ideada como el centro de una zona liberada, desde la cual iniciar una ofensiva más profunda en la provincia, podría resistir los contraataques del ejército.[36] Además de la labor con la reserva, en Caballete terminó de integrarse el "pelotón suicida", un grupo de choque para asaltar los cuarteles, formado por voluntarios y que reuniría a los combatientes más arriesgados. El teniente Rodríguez, "El Vaquerito", quedó a cargo del grupo y durante los últimos días de noviembre y los primeros de diciembre el pelotón quedó prácticamente formado.[37]

Con la clandestinidad urbana del 26 de Julio "sólidamente controlada y puesta al servicio de la guerrilla, con los combatientes de la columna 8 en un excelente estado de moral y descanso, con el armamento mejorado por las capturas realizadas al ejército, con una sólida relación con la columna del Directorio Revolucionario, con una base bien organizada atrás, y habiendo cumplido la misión encomendada por Fidel de cortar en dos la isla[38] el Che descubrió que había llegado el momento de empezar a planear la ofensiva que lo llevaría al total control de la provincia de Las Villas y a la captura, en un tiempo lejano, de su capital:

Santa Clara.

II

"ELLOS SE VERÁN CON PROBLEMAS
EN POQUITO TIEMPO"

El 9 de diciembre el Che se comunicó con Camilo utilizando las estaciones de radio de las columnas 8 y 2. Bromeando, los dos comandantes rebeldes hablaron sobre la futura batalla de Santa Clara. Aún no se habían delineado los perfiles de las ofensivas que habrían de producirse tras la derrota batistiana en la provincia de Las Villas.

Che: "No hay problemas por ahora sobre nuestras líneas. Creo que ellos se verán con problemas en poquito tiempo. Yo te oí de-

El Che en la comandancia de Caballete de Casa comunicando con Radio Rebelde.

cirle a Fidel que ibas a tomar Santa Clara y que sé yo que más, en eso no te metas porque eso es mío. Tú te tienes que quedar por ahí nomás. . .

Camilo "(. . .) En cuanto al problema ese de Santa Clara, OK, muy bien, vamos a trazar planes para más adelante, para hacerlo en comunidad, yo quiero repartirme esa gloria contigo, así es que yo no soy ambicioso. Te voy a dar un chancecito en el anillo de hierro ese pues vamos a poner 7 mil escopeteros al ataque. Esos escopeteros están locos por entrar en acción y en estos días han desarmado a todos los soldados en los centrales,* en las tropas; es una cosa espantosa lo que hacen los muchachos por conseguir fusiles. . ."[39]

Para los escuchas radiofónicos de la dictadura, el *bluf* de los siete mil escopeteros de Camilo no dejaba de ser inquietante, más aún si lo sumaban a las acciones de hostigamiento que la columna del Directorio Revolucionario había estado realizando en los alrededores de la ciudad. No se trataba de golpes muy aparatosos contra las fuerzas enemigas, pero sí de un picoteo continuo que mantenía en tensión a la guarnición de Santa Clara. Por ejemplo el día 7 había sido ajusticiado por hombres del Directorio, en el centro de la ciudad cuando salía de visitar a su amante, el piloto de una de las avionetas que servían como guía a los bombarderos. El 9, hombres del DR entraban en el pueblo de Guaracabuya y el 10 en Báez donde permanecieron durante tres horas sin que los soldados encerrados en el cuartel salieran a combatirlos. El 13 se tomó por segunda vez la estación CMQ que se encontraba en la carretera de acceso a Santa Clara y el 15 se incendió un prostíbulo al que acudían los soldados.[40]

El 13 de diciembre, el Che fue entrevistado por la estación de radio 6BF del ejército rebelde. Le preguntan cuándo se afilió al 26 de Julio, cuál ha sido la acogida popular en Las Villas y le piden un diagnóstico de la situación del régimen. El Che contesta:

—Creo que está al borde del colapso. Si los factores ajenos a la nación intervienen[41] quizá se mantenga algo. De todas formas, las fuerzas populares son tan grandes que el colapso es inevitable.

Cuando le piden que compare la situación en los primeros momentos, en la Sierra Maestra con la que tiene en Las Villas:

*Ingenios azucareros

—En Las Villas estamos situados a muy poca distancia de las ciudades importantes y de la carretera central y recibiendo una gran cantidad de ayuda de nuestras líneas de abastecimiento en el llano.

A la pregunta sobre la próxima ofensiva responde:

—Estimo necesario y vital dejar incomunicado el occidente con el oriente y estimo que la ciudad de Santa Clara está virtualmente en nuestras manos, cuando realmente se haga una ofensiva de todos los factores revolucionarios agrupados.[42]

¿De verdad siente el Che que ha llegado la hora de Santa Clara? La ciudad cuenta con una guarnición de 2500 soldados, guardias y policías, y en torno a ella hay, al menos, una docena de cuarteles con un millar de guardias más. La dictadura cuenta con tanques y blindados, abundantes ametralladoras y vehículos de transporte y además con el apoyo de la aviación, que en combate fuera de la protección de la Sierra puede hacer un daño mucho mayor del que ha hecho hasta ahora. El Che, para enfrentarlos, cuenta con unos trescientos hombres a los que puede sumar a las fuerzas del Directorio, y quizá si la batalla se da gradualmente y se lo permite, pueda ir incorporando un par de centenares de hombres de la reserva desarmada que ha ido creando en Caballete de Casa. Es cierto que la moral del ejército es baja y que la de sus tropas es muy alta; es cierto también que en la medida en la que se acerquen a las ciudades se incrementarán las infinitas posibilidades de la guerra popular, la huelga insurreccional, el apoyo masivo de la población; pero ¿será esto suficiente para alterar una correlación de fuerzas que lo desfavorece casi en una proporción de diez a uno? y eso, sin contar el famoso "tren blindado".

El Che maneja abundante información sobre el tren blindado que está terminando de montarse en los talleres de La Ciénaga en La Habana y que constituye la "carta definitiva" de la dictadura para frenar la revolución en la provincia de Las Villas.

El tren contaba con dos locomotoras y 19 vagones, lanzacohetes, morteros, 14 ametralladoras calibre 30, abundantes municiones para los fusiles automáticos de los 400 soldados que viajarían en él, alimentos, uniformes, material de ingeniería bélica. Se había comenzado a organizar en septiembre del 58 y un mes más tarde estaba casi listo. Se encontraba bajo el mando del coronel F.E. Rosell, jefe del Cuerpo de Ingenieros.

Las células del PSP y del 26 de Julio habían transmitido regular-

mente toda la información sobre el tren a la Sierra Maestra de donde se lo habían comunicado al Che. Pero no se limitaron a informar. Sobre el tren y su guarnición se había producido una permanente campaña de desmoralización y trabajo político que provocó la deserción de un par de centenares de soldados (reduciendo de 700 a 400 los que habían de salir finalmente en él). Los trabajadores de La Ciénaga realizaron, además, multitud de pequeños sabotajes que retardaban la salida del tren blindado hacia la zona de combate.[43]

El 15 de diciembre los hombres de la columna 8 alteraron el conflictivo mapa de la provincia de Las Villas: Cortaron el puente sobre el río Sagua la chica en las cercanías del pueblo de Falcón. La vanguardia se estableció en el poblado de Santa Lucí desde donde podían avanzar o bien hacia el Este (Cabaiguán en dirección a Sancti Spíritus) o bien hacia el Oeste (la pequeña ciudad de Fomento).[44]

La operación sobre el puente metálico de Falcón, una imponente estructura de acero, fue conducida directamente por el Che. Se colocaron emboscadas en la carretera de Fomento a Placetas. La avanzada se presentó en el puente con antorchas de acetileno, y tras un pequeño combate en el que derrotó a la guarnición y que causó a los rebeldes un herido, comenzó el trabajo. Poco después el puente se venía abajo. El Che, con un mochito de tabaco entre los labios, supervisaba la operación del pelotón de José Ramón Silva, un capitán rebelde que disfrutaba del reconocimiento de haber hecho los últimos días de la invasión con un hombro dislocado por un balazo.

Un militante del 26 de Julio de Falcón narró: "Al amanecer todo el pueblo salió a contemplar el puente caído y los soldados, desde el otro extremo, no se atrevían a cruzar aunque podían hacerlo (. . .) porque rehuían encontrarse con el Che."[45]

El puente sobre el río Falcón destruido.

Esa misma noche quedó fuera de servicio el puente sobre el Calabazas con lo cual se impedía el posible paso del tren blindado hacia Oriente. El coronel Río Chaviano[46] jefe de la guarnición de Las Villas recibió los informes de estas acciones, pero éstos no decían nada en sí mismos, no indicaban las intenciones de los rebeldes; la iniciativa estaba en manos del Che, ¿dónde iría a golpear y cuándo?

III

FOMENTO, EL PRIMER ESLABÓN DE LA CADENA

En la noche del 15 comienzan a cerrarse los accesos a Fomento, un pueblo de 10 mil habitantes, desde donde habían partido las columnas batistianas días antes en su ataque a la Sierra y en el que se encontraba un cuartel del ejército con unos 140 hombres de guarnición. Las fuerzas del capitán Silva cortan la vía Fomento-Placetas en un punto conocido como El Nazareno y tienden una emboscada. Un pelotón del Directorio al mando del capitán Juan Abrantes, "el mexicano", avanza sobre Báez en el flanco izquierdo de Fomento, y lo toma sin combate.[47]

A las 9 de la noche el pelotón del capitán Alfonso Zayas entra en el central Santa Isabel; poco a poco las fuerzas de la columna van concentrándose ahí para lanzar la ofensiva.[48]

El Che está operando con una variante de la vieja experiencia guerrillera adquirida en la Sierra Maestra y las pequeñas experiencias obtenidas en los combates de diciembre contra los cuarteles: aislar la zona, colocar emboscadas, aprovechar el acuartelamiento del enemigo, desmoralizar al ejército a través de la propaganda.

A las seis treinta de la mañana del 16, tres de los pelotones de la columna, el de Zayas, el de Joel Iglesias y el de Manuel Hernández comienzan a infiltrarse en la ciudad. Media hora más tarde Aída Fernández, la telefonista de Fomento recibe una llamada desde el central Santa Isabel que la sorprende. "Una voz de hombre de raro acento reclamaba comunicación telefónica con el teniente Valencia, jefe del cuartel, para pedirle que se rindiera. Era el Che."[49]

Pérez Valencia, un oficial de carrera de 32 años, hijo de campesinos pobres, años más tarde contaría: "Cuando tomé el auricular supe que era el Che quien se interesaba por mí. Me informó que tenía el cuartel rodeado y enfatizó que toda resistencia sería inútil. Me instó a que evitara el derramamiento de sangre rindiéndome a sus armas. Dijo que mis hombres quedarían en libertad,

Un grupo de rebeldes en el ataque al cuartel de Fomento.

bajo la condición de que salieran del territorio controlado por los rebeldes una vez pactada la rendición. Le respondí que no aceptaba su ofrecimiento.''[50]

Pérez Valencia contaba con 150 hombres, mejor armados que los rebeldes y con abundantes municiones. Había optado por establecer una zona defensiva en el cuartel, el centro telefónico, el teatro Baroja y el Hotel Florida, en la que habrían de quedar atrapados los rebeldes; y esperaba que al iniciarse el combate recibiría refuerzos de Santa Clara y entonces podría actuar ofensivamente.[51] El Che actuaba inicialmente tan sólo con tres pelotones, habiendo dejado a las tropas de Bordón la labor de montar una emboscada para detener los posibles refuerzos en el puente de las afueras, sobre la carretera que une Fomento con Placetas y a las fuerzas del capitán Silva en la emboscada del Nazareno.[52]

En el curso de la mañana, mientras se va avanzando hacia el cuartel hasta tomar posiciones a unos 25 metros, los rebeldes "al mando de Manuel Hernández toman una microonda y rinden a un pelotón del ejército en las cercanías de la estación CNC[53] sufriendo dos bajas, Wilfredo Campos y un milicianeo de Fomento, Rolando Enrique Moreno.

El pueblo ha salido a la calle y colabora con los rebeldes fabricando bombas molotov, levantando barricadas, transportando a los heridos. En la noche, anónimos ciudadanos de Fomento incendiaron las cortinas del teatro haciendo arder el edificio y obligando a que los defensores se rindieran bajando de la azotea.[54]

Al anochecer del 18 cuando se han entregado todos los grupos de soldados a excepción del más importante, el del cuartel, donde el teniente Pérez Valencia cuenta con 121 hombres, el Che se ve obligado a tomar una decisión fundamental: ¿Mantiene el cerco o se retira hacia la Sierra? Las emboscadas de contención siguen firmes, el enemigo no ha enviado refuerzos desde Santa Clara; ni siquiera ha utilizado a los soldados de los cercanos cuarteles de Ca-

El cuartel de Fomento tomado por la columna 8.

baiguán o Placetas. . . Tiene en las manos un problema grave, la falta de municiones. Los hombres de la columna iniciaron el combate de Fomento con 40 balas por fusil en promedio. Por lo tanto cree esencial no sólo rendir el cuartel sino arrancarle las municiones al ejército.[55]

Si la situación del Che es difícil; la de Pérez Valencia en el interior del cuartel es más bien extraña. Aunque no tiene posibilidades de saberlo, sus 121 hombres están cercados por menos de un centenar de rebeldes peor armados que sus soldados. Pero contra las paredes de su cuartel no sólo disparan los *garand* y los *san Cristóbal* de los rebeldes, también disparan los mitos. El teniente se atiene a la disciplina militar más elemental: Sus órdenes son "resistir y esperar refuerzos".[56]

El día 17, comienza a actuar la aviación batistiana. Es bombardeado el pelotón que mantiene la emboscada en la carretera de Fomento a Placetas; también sufren los bombardeos los caseríos cercanos, el local de la Colonia Española y el de la Cruz Roja, causando 18 bajas entre la población civil, entre ellos dos niños menores de 11 años. El bombardeo era guiado desde el cuartel que conocía las posiciones de los revolucionarios.[57] Pero el Che veía claramente la situación: "a pesar del castigo de la aviación a nuestro ejército rebelde, las desmoralizadas tropas de la dictadura no avanzaban por tierra en apoyo a sus compañeros".[58]

Sobre el cuartel actuaban ahora 4 pelotones, el de Alfonso Zayas, el de Joel Iglesias que bloqueaba uno de los costados, el de Hernández y se estrenaba como unidad de combate el pelotón suicida dirigido por El Vaquerito.[59] A causa de la pequeña distancia en la que se mantenía el cerco, 25-30 metros en algunos casos, las acciones de los rebeldes para aumentar la presión eran muy peligrosas.

Amado Morales, uno de los miembros del pelotón suicida, cuenta:

"Tamayo sube a la azotea de una clínica y empieza a tirarle a los soldados que estaban enfrente. Yo salté una cerca de mampostería para ocupar una posición de una casa de familia que estaba cerca de la clínica. Al llegar a dicha casa tomé la posición en una terracita que lo único que tenía para parapetarse era un muro suficientemente bajito como para que no pudiéramos guarecernos detrás del mismo. A esa posición acudió también el compañero Sergio Lemus. Nada más que disparé algunos tiros y caí herido producto de la metralla enemiga. Minutos después, un disparo de fusil hacía blanco en la cabeza de Lemus, que murió instantáneamente a mi lado. El compañero Hugo del Río me arrastró hacia él poniéndome fuera de peligro.''

Del Río completa:

''Al Vaquerito y a mí no nos matan en aquel lugar porque nos tiramos hacia atrás a la velocidad del rayo.''[60]

No era el pelotón suicida el único en sufrir bajas en aquel combate. Al exponerse demasiado, Joel Iglesias, el joven capitán, es herido por una bala que le entra por el cuello y le fractura el maxilar inferior. Cae en un lugar cubierto por el fuego enemigo, pero un grupo de hombres de su pelotón lo rescata en medio de las balas. Iglesias piensa que se va a morir y pide que le avisen al Che. Lo transportan sin conocimiento a una clínica en el mismo pueblo de Fomento. El Che llega corriendo. Joel es uno de los muchachos de origen campesino con los que ha convivido en los días más duros de la Sierra Maestra. Les dice a los médicos, como si su orden tuviera posibilidades de detener el derrame de sangre, que el muchacho no puede morir.[61]

No es la única baja importante que sufre la columna, otro de sus oficiales atacantes, el capitán Manuel Hernández queda gravemente herido.

La desesperación comienza a sentirse entre los rebeldes, el cerco ha llegado a su segundo día, las bajas sin ser importantes en número, incluyen a dos de los cuadros militares de la columna, los capitanes de dos de los pelotones; el bombardeo de la aviación es terrible.

Leonardo Tamayo, un guerrillero de 16 años,[62] miembro de la escolta del Che y recién incorporado al pelotón suicida cuenta:

''El Vaquerito planeaba darle candela* (al cuartel de Fomento), pero era una construcción de mampostería rodeada por muros, con una cerca de bloques alta, y era difícil de entrar. En todos esos muros estaba el ejército con aspilleras. Entonces a él se le ocurrió una idea magnífica (para mí por supuesto en aquel tiempo; hoy creo que era la más absurda que puede haber) que consistía en buscar tanques de gasolina y una tubería, tirar la tubería e ir empa-

* Incendiar.

El Che conferencia con el oficial derrotado Pérez Valencia (a la derecha de la foto) tras la toma de Fomento. A la izquierda, de pie, el capitán Fernández Mell, oficial médico de los rebeldes.

tando tubos hasta llegar allá y con una bomba aspirante, lanzarle gasolina al cuartel. Pensábamos desconectar la bomba del tanque y meterle candela por dentro al tubo. Era un disparate. Decididamente, nos íbamos a quemar nosotros. El plan no se llegó a realizar porque no encontramos los medios.''

La luz y el agua dentro del cuartel estaban cortadas, los soldados habían tenido muchos heridos, pero la resistencia continuaba. Anochecía el 17 de diciembre y el Che, a pesar del creciente riesgo, optó por tomar la misma decisión del día anterior: Mantener el cerco.

A lo largo de la mañana del 18, los revolucionarios fueron acercándose cada vez más a las paredes del cuartel. Otro ''invasor'', Mariano Pérez cayó herido. El Che levantó las emboscadas y concentró en torno del cuartel el resto de sus pelotones, se lo jugaba todo a una sola carta. Los bombardeos continuaban.

Las previsiones del Che eran correctas, los soldados no podían resistir mucho más en el interior del cuartel y los refuerzos por tierra no venían en camino, quizá porque pensaban que el ataque al cuartel era el cebo para una emboscada.

Pérez Valencia cuenta: "Llegué a la conclusión de que no tenía nada más que defender. Las avanzadas del hotel y el cine habían caído ante el fuego de los rebeldes, mientras el resto de mis hombres se veían extenuados y sin moral alguna. Habíamos sufrido varias bajas y no contábamos con posibilidades de atender a los heridos ni de enterrar a los que cayeran (. . .) Después de comunicarle a la oficialidad la decisión, ordené sacar bandera blanca. . ."[63]

Pasaba de las cuatro de la tarde.

El Che entró en el cuartel y se sentó ante el oficial derrotado; la foto registra al capitán médico Oscar Fernández Mell parado en el quicio de la puerta y al Che conversando y fumando un tabaco ante Pérez Valencia. La primera orden del Che es que sus doctores se hagan cargo de los heridos del ejército. Luego ordena que le hagan entrega de las armas. Pérez Valencia que esperaba que los rebeldes lo fusilarían se desconcierta: "Su gesto era duro, pero su trato caballeroso, afable. Me pareció que trataba a los vencidos como hermanos a los que se les rectifica por haber cometido un

El Che saluda de mano a los soldados derrotados.

37

Los soldados que se han rendido en el patio del cuartel escuchan un discurso del comandante Guevara.

error."[64] Mientras los hombres de la columna 8 celebran la victoria en las afueras del cuartel ondeando una enseña del 26, el Che levanta una minuciosa lista de los materiales bélicos capturados: dos *jeeps,* 3 camiones, un mortero, una ametralladora calibre 30, 138 fusiles y ametralladoras ligeras y 9 mil balas; la extensa lista incluye 18 pares de zapatos, cuatro máquinas de escribir y un reloj despertador. El comandante de la columna 8 sabe del valor de cada objeto substraído en combate al enemigo. En manos de los guerrilleros han quedado 141 prisioneros.[65]

Al final de los enfrentamientos se producen nuevos bombardeos, el Che denuncia la situación a la Cruz Roja: "salvajes ametrallamientos de que es víctima la población civil de la ciudad de Fomento y poblaciones circundantes, los que no persiguen objetivo militar alguno y han dado por resultado la muerte de dos niños en la ciudad de Fomento y el que fueran heridos dos civiles en el poblado de las Arenas.[66]

Al final de la batalla el Che informa de los siguientes ascensos: a capitanes: Roberto Rodríguez, "El Vaquerito", Orlando

Pantoja[67] y a capitán médico Oscar Fernández Mell. Comienza el reparto y distribución de las armas, una parte de las cuales es enviada hacia el campamento de Caballete de Casa para ir armando a la reserva.

La población está en las calles. Las fotografías muestran a un sonriente y estrenado capitán Roberto Rodríguez sentado en un *jeep* recién capturado y rodeado de rebeldes de incipientes barbas y muchachas admiradas. El Vaquerito, todo un personaje con sus 23 años y su barba y pelambre abundante que cubre con una gorra que parece flotar precariamente sobre su cabeza, sin bigote, con su escasa estatura y su apariencia de niño malvado, cubierto de cananas, granadas y con un rifle al hombro que parecía mayor que él. Un hombre que según las palabras del Che, "jugaba con la muerte".

Las fotos muestran a un agotado Che Guevara rodeado de las milicianas del 26 de Julio, demacrado, tratando de repartir justicia en las esquinas de la victoria: cuántos rifles aquí, quién se ganó el derecho a cambiar un *garand* por un Ml en el combate, quiénes deben mantener las emboscadas sobre las carreteras, cómo distribuir las municiones en los pelotones.

Sobeida Rodríguez se le acerca. No debería estar ahí, no tenía rifle y se había quedado en Piedra Gorda porque con *winchester* no se podía ir a tomar un cuartel, pero "se fue por la libre" y combatió con otros siete compañeros de la reserva. El Che la descubre y la regaña. Sobeida se disculpa, repite las palabras al autor de la frase: "las armas hay que ganarlas en combate". El Che le contesta: "está bien, media naranja" y le da un *garand*.[68]

Las fotos narran la victoria de Fomento: Sobre un *jeep* con una enorme bandera cubana que cuelga de una pared y cae sobre la parte trasera del vehículo y otra cubriendo la parte delantera, el Che de pie sobre el asiento, habla a una multitud que lo rodea cuyos rostros lo miran fijamente, tratan de comerse las palabras. Una multitud de habitantes de Fomento, desarmados, arracimados frente a la voz de la revolución que les llega con ese sorprendente acento argentino. El Che experimenta una nueva relación. No conoce de Cuba más que las montañas y los llanos agrarios de la invasión. Ha discutido y arengado decenas de veces a campesinos. Por primera vez habla al pueblo de las ciudades, a obreros, artesanos, pequeños comerciantes, estudiantes, amas de casa, secretarias, empleados. La base urbana de la revolución.

Con la ayuda de las organizaciones del DR y el 26 de Julio y los sindicatos recién reorganizados, se nombran autoridades civiles en Fomento.[69] La columna guerrillera a diferencia de sus otros ataques a los cuarteles parecía no retirarse a la seguridad de la Sierra.

¿Se estaba iniciando la batalla de Santa Clara? ¿Qué lecciones había obtenido el Che de la victoria de Fomento?

IV

CORTADA LA ISLA EN DOS

Una semana antes de los combates de Fomento, el Che había enviado al capitán Armando Acosta con una pequeña patrulla para que actuara en la zona de Sancti Spiritus, la ciudad más importante al este de la Sierra de El Escambray. Acosta tenía que construir su propia fuerza basado en las milicias locales, y de hecho abrir un pequeño frente a partir de su escuadra.

El 14 acampó en la finca Marianao de Abajo y organizó su cuartel general, comenzando a tener reuniones con obreros y campesinos de la zona.[70]

Tras la batalla de Fomento, y sin perder mayor tiempo, el Che lanzó un segundo pelotón hacia el este de las posiciones ocupadas, el del capitán Olo Pantoja y el teniente Eliseo Reyes, "San Luis" un joven de origen campesino de 18 años que se había formado en la Sierra Maestra y que había participado en la invasión dentro del pelotón de la comandancia.

El pelotón se desplegó desde Santa Lucí para enfrentar a las tropas del escuadrón 38 de la guardia que avanzaban como tardíos refuerzos hacia el oeste. Se trataba también de paralizar totalmente el tráfico ferroviario hacia oriente.

El 19 de diciembre este mismo cuerpo voló un puente ferroviario dejando aislado Cabaiguán de Sancti Spiritus. Tras permitir el paso de un primer tren, descarrilaron el segundo que llevaba alimentos a Santa Clara. La comida fue repartida entre los campesinos de la zona y se llevó los soldados prisioneros al campamento de Manacas.[71]

De ahí el pelotón avanzó hacia La Trinchera para cortar con acetileno un segundo puente.

El campesino del ejército rebelde Caseano Olivera recordaba años más tarde:

"Al llegar a la Trinchera el ejército comenzó a dispararnos, pero nosotros no le contestamos hasta que llegó la noche. Para contrarrestar la resistencia del enemigo 'San Luis' ordenó dividir nuestras fuerzas para atacar en distintas direcciones. Él, con un grupo de cuatro o cinco compañeros, se encargó de salirle por la retaguardia al enemigo para sorprenderlo. A partir de entonces los efectivos de la tiranía comenzaron a retirarse y emprendimos nuestra misión. A las 3 de la mañana el puente quedó listo para caer."[72]

El ejército contratacó sobre esa posición y volvió a tomar La Trinchera, pero los puentes estaban ya destruidos o dañados.

Mientras estos dos grupos del 26 de Julio operaban hacia el oriente, el grupo de Acosta tratando de organizar un frente en torno a Sancti Spiritus y el pelotón de Pantoja y San Luis conteniendo al ejército y cortando los puentes, las fuerzas del Directorio seguían hostigando al ejército en los alrededores de Santa Clara. El 17 de diciembre, un ataque espectacular se produjo en el centro de la ciudad. Víctor Dreke, capitán del Directorio cuenta:

"A las 12.40 del día se produjo una acción a la que nosotros llamamos operación rescate, la cual tuvo como propósito llevarnos de la cárcel a Joaquín Milanés, "el Magnífico" que estaba preso en aquellos momentos acusado de haber atentado contra Santiago Rey, ministro del tirano Batista. En esa operación participamos cinco compañeros: Ramón González Coro que iba al frente del grupo, Raulín López Pardo, Roberto Fleites (. . .) Osvaldo Ramírez (. . .) y yo. Aquella operación de rescate a mano armada, en el centro de la ciudad no era tarea muy fácil, pues en las acciones que se estaban llevando a cabo en distintas zonas de la provincia, Santa Clara se encontraba prácticamente tomada militarmente por el enemigo. A las 12.40 llevamos a cabo la operación en la propia Audiencia, donde se estaba celebrando el juicio y nos lo llevamos así como a otros compañeros del 26 de Julio (. . .) En el tiroteo fue herido el compañero Ramón González Coro, al que logramos llevarnos y que murió horas después entre nosotros. . ."[73]

Un día más tarde eran tiroteados y heridos dos policías en los alrededores de la Universidad de Las Villas por un grupo del DR dirigido por Casimiro Cárdenas;[74] y el 19 de diciembre una escuadra del DR, a mano armada, cerraba el bar Venecia en la entrada de Santa Clara, un local que era regularmente frecuentado por los militares.[75] El 21, de nuevo se opera sobre la ciudad y otro destacamento ataca la custodia del Acueducto de Santa Clara y se hace con cuatro fusiles, una ametralladora y municiones.[76]

Mientras el Che preparaba la siguiente acción central de la columna de la cual las acciones de los pelotones de Pantoja y San Luis eran parte importante, la aviación continuó bombardeando las carreteras de la región y los alrededores de los pueblos pensando que así podrían evitar concentraciones de los pelotones del ejército rebelde e impedir una nueva aproximación a los cuarteles.[77] Sin embargo, las tropas del coronel Río Chaviano, seguían encerradas en el cuartel del regimiento Leoncio Vidal de Santa Clara, o en los cuarteles de Cabaiguán, Placetas, Remedios. Inmóviles, fijadas al terreno, esperando el golpe, hostigadas por el odio popular que vibra en torno suyo, golpeadas por el miedo que el mito de la invencibilidad del ejército rebelde, de los "mau maus" como los llaman, ha adquirido; perseguidas por las ondas hertzianas desde las que los bombardean los mensajes de Radio Rebelde, de la emisora de la columna 8 o de su hermana gemela en el norte de Las Villas. . .

El 19 de diciembre las fuerzas de William Gálvez de la columna 2 pusieron cerco al cuartel de Yaguajay en el noroeste de la provincia, el principal punto de apoyo de la dictadura en la zona. En la noche 20 hombres más del capitán Pinares reforzaron el cerco, y al día siguiente Camilo Cienfuegos llegó en persona a hacerse cargo de la operación.[78] Ese mismo día se hizo pública la orden militar número 67 en la emisora 8CR de la columna del Che: "Visto el desarrollo exitoso de la lucha por la liberación en el territorio de Las Villas, se declara territorio libre de Cuba al comprendido por los centrales Natividad, Amazonas, Santa Isabel y Agabama. Se ordena el cese de las directivas sindicales batistianas y se convoca a asambleas generales obreras para nuevas elecciones. Comandante Che Guevara."[79]

Ahora, el Che tenía que tomar una decisión eligiendo entre consolidar el territorio liberado, o aprovechar la actitud defensiva del ejército para prolongar la ofensiva. Esta decisión implicaba, en caso de adoptar la segunda proposición, todo un cambio en la mentalidad guerrillera de las primeras épocas, y una invitación a convertir a los pelotones de la guerrilla en fuerzas de sitio aunque sin perder su movilidad. Un proyecto militar así estaba desarrollándose en Oriente bajo la conducción de Fidel Castro cuyas columnas comenzaban a dibujar el cerco sobre Santiago de Cuba arrasando cuarteles y ampliando sus bases de apoyo en toda la provincia.[80] La misión original del Che de cortar la isla en dos estaba cumplida, ¿iría más allá?

V

CABAIGUÁN Y GUAYOS, EL SEGUNDO Y EL TERCER ESLABÓN DE LA CADENA

Sesenta y un horas después de la rendición de Fomento, el día 21 de diciembre a las 8 de la mañana, las tropas de la columna 8 atacaron simultáneamente los cuarteles de la ciudad de Cabaiguán a 67 kilómetros al este de Santa Clara sobre la carretera central y a doce de Sancti Spiritus, y el cuartel del pueblo de Guayos 7 kilómetros al este de Cabaiguán y sobre la misma vía.

El Che había optado por la ofensiva relámpago, para no "darle tregua al enemigo"[81] y comenzaba a desarrollar un plan de combate que lo llevaría, en pocos días, a las puertas de Santa Clara, si el comportamiento de sus fuerzas y la reacción del ejército seguían produciéndose como hasta ahora.

A las cinco de la mañana dirigidos por el Che, cuatro pelotones de la columna 8, los de Miguel Álvarez, el capitán José Ramón Silva, el teniente Rogelio Acevedo y el pelotón suicida encabezado por El Vaquerito, así como fuerzas del DR descendieron de los vehículos en las afueras de Cabaiguán, una población de 16 mil habitantes, y comenzaron a infiltrarse.

Las fuerzas batistianas se componían de unos 90 soldados y policías al mando del capitán Pelayo González y estaban distribuidas en el cuartel, en los altos de Casa de tabaco de la Escogida de Breña y en la estación de microondas a un kilómetro del pueblo; además, varios francotiradores se encontraban en los edificios más altos.[82]

Cuando se iniciaba la penetración, el guía que iba dirigiendo a los combatientes se resbaló disparándose accidentalmente su escopeta y quedando muerto.

El primer punto que se tomó fue la Casa de tabaco. Dos rebeldes lograron alcanzar la azotea, rompieron una ventana y dispararon al interior. Los seis soldados se rindieron casi de inmediato. El Che ordenó entonces avanzar sobre la microonda, donde ha-

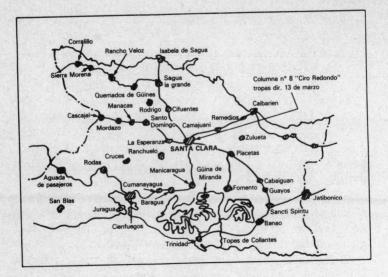

Zona de combates de la columna 8 y de las tropas del DR. Al noreste la zona de acción de la columna 2 dirigida por Camilo.

bía una guarnición de 10 hombres, mientras se cercaba el cuartel.[83]

En la carretera central, rumbo a Placetas, el Che había colocado un bloqueo para impedir el arribo de refuerzos, y pasando Guayos, rumbo a Sancti Spiritus, se había apostado una segunda emboscada sobre el puente del río Tuinicú. Con estas fuerzas de contención se garantizaba temporalmente poder operar sobre los cuarteles sin el peligro de ser tomados entre dos fuegos. Si el ejército mostraba la lentitud de reacción usual, los rebeldes podían esperar más de 40 horas de tranquilidad en su retaguardia.

La aviación en cambio hizo su presencia con la prontitud acostumbrada. Desde las 8.15 de la mañana hasta las 2 y media de la tarde, cinco B26 de las fuerzas batistianas mandados por el teniente Viruelas bombardearon las afueras de Placetas y Cabaiguán.[84]

El pelotón del Vaquerito reconoció las posiciones enemigas. La escuadra de Mero atacó la estación de microonda. La aviación los hostigó. Silverio Blanco, uno de los invasores que manejaba una ametralladora calibre 30 fue alcanzado por los disparos y murió.

"El Vaquerito ante tal resistencia se indignó y planteó que si no se rendían dentro de un rato iba a efectuar un ataque comando. Cualquiera hubiera pensado que El Vaquerito se había vuelto loco porque la configuración de aquella zona no se prestaba para un ataque de ese tipo. La microonda estaba situada en una lomita en cuya pendiente no había siquiera un insignificante árbol donde meterse.

"Pasado el tiempo (. . .) inició los preparativos (. . .) un compañero del pelotón le propuso que primero probara un trato de rendición y así lo hizo. Sorpresivamente los guardias (. . .) de la microonda sacaron por una de las ventanas una bandera blanca."[85]

En la rendición había colaborado un soldado llamado Fernando Sánchez, que luego se incorporó a las fuerzas rebeldes.

Ahora seguía el cuartel donde se encontraban las fuerzas del capitán González. Se avanzaba por el interior de las casas, saltando por azoteas, cruzando patios interiores, rompiendo paredes.

En uno de los avances, el Che, al saltar desde una azotea tropezó con una antena de televisión y cayó al patio golpeándose con unas latas con flores. Se hizo una pequeña herida de un par de centímetros sobre el ojo derecho y una lesión articular en la muñeca. Trasladado a la clínica donde estaba el capitán Fernández Mell se le hizo una radiografía que mostró que no había fractura aunque la lesión era dolorosa. El Che se negó a que le aplicaran una antitetánica porque pensaba que a causa del asma que padecía podía provocarle una reacción y paralizarlo, dejándolo fuera de las acciones. A partir de ese momento, y a causa de los dolores, "tomaba aspirinas como galletas".[86]

Hacia las ocho de la noche, el cerco al cuartel continuaba, los miembros del pelotón suicida se habían aproximado y una granada de mano lanzada por los soldados hirió a Leonardo Tamayo, Harry Villegas y Alfredo Salas.[87]

Se produce una tregua nocturna. Al día siguiente se reanudan los combates. Los hombres del Che se ven reforzados por los combatientes de Bordón y Pantoja que han tomado Guayos.

Los rebeldes sufren una nueva baja: el capitán José Ramón Silva es herido de gravedad en el brazo.[88]

A las dos de la madrugada de la noche del 22 al 23, el Che recién curado y desarmado, acompañado del cura de Cabaiguán en-

El rostro del Che muestra el agotamiento de los primeros días de la ofensiva relámpago. La foto es posterior al accidente con que se hiere en Cabaiguán, trae una venda sobre la ceja derecha y el brazo izquierdo enyesado.

tró al cuartel a parlamentar. El oficial al mando reacciona de manera altanera. El comandante Guevara le dice: "El Che soy yo, y soy quien pongo las condiciones por ser el vencedor." Un rato más tarde los soldados se rendían.[89]

Se habían capturado 90 prisioneros, 7 ametralladoras calibre 30, 85 fusiles y ametralladoras ligeras y abundante parque. La victoria había sido rotunda.

Los combates en Guayos se habían prolongado mucho menos. El tiroteo en el pueblo se inició a las 7 de la mañana, tras un enfrentamiento sobre el puente del río Tuinicú donde detuvieron a los refuerzos que venían de Sancti Spiritus y que fue protagonizado por el pelotón de Olo Pantoja y "San Luis", el mismo que había sido enviado días antes hacia el este. Ahí se destruyó el puente tras hacer huir a las custodias,[90] luego se produjo el repliegue tras el contraataque de los militares, pero manteniendo el bloqueo en la carretera central.

Las tropas de Bordón combaten en dos frentes, contra los soldados guarecidos en el cuartel y contra los policías, que comandados por José Rojas, hijo del conocido coronel de la policía de Santa Clara, actúan como francotiradores apostados en el cine Alcázar.

El grupo de Pantoja y Eliseo Reyes, "San Luis", entra en la ciudad a las siete de la mañana. Marcelo Martínez miembro de la escuadra cuenta:

"Al llegar a los elevados de Guayos la situación estaba fea y además no conocíamos el lugar. Los francotiradores que se hallaban apostados en el hotel del pueblo nos reciben a tiro limpio, obligándonos a tirarnos del yipi en la parte derecha de los elevados. Nos parapetamos en el portal del antiguo Liceo y comenzamos a ripostar el ataque. Aquello era palo y palo.

"San Luis se llena de ardor, se incorpora y avanza disparando. Le advierten del peligro que corre pero las detonaciones y su estado de ánimo no lo dejan escuchar y sigue. Olo ve el peligro que corre su compañero y abandona también su posición y corre tras él para quitarlo del peligro. Una ráfaga que sale de las ventanas del hotel hace blanco en sus cuerpos. Caen.

"Olo tiene 2 balazos, uno en el pecho y otro en el brazo derecho. San Luis es herido en el costado posterior izquierdo.

"Me acerco y les pregunto qué sucede y responden que no es

Miembros de la columna 8 en la redacción del periódico El Cubano Libre en Cabaiguán.

nada y continúan disparando. La sangre comienza a mancharles las ropas. Ninguno de los dos quiere retirarse del combate y tuve que decirles que iba a coger posiciones para que ellos fueran sacados del lugar. Llamé a un vecino que se encontraba cerca y comenzamos a disparar. A regañadientes abandonaron el lugar."[91]

Son las siete de la mañana.

A las 10 de la mañana del 22 de diciembre cae el cuartel de Guayos en manos de Bordón.[92] Se capturan una docena de armas largas y abundante parque. Resisten tan sólo los francotiradores en la azotea del cine. Hacia las dos de la tarde asoma la bandera blanca. Más o menos sobre esa hora aparecen por el pueblo Olo Pantoja y San Luis que se han escapado del campamento de Manacas donde recibieron los primeros auxilios.

Las tropas de Bordón y el pelotón de Olo acudieron entonces a reforzar el cerco del cuartel de Cabaiguán que habría de rendirse esa noche.

Sobre el terreno, el Che asciende a capitànes a Ramón Pardo ("Guile") y a Rogelio Acevedo y a teniente a Leonardo Tamayo.

Pardo, campesino de Sierra Maestra de 20 años, llevaba dos años de alzado y había sido un combatiente destacado en la ofensiva.

Las tropas tras ser desarmadas son liberadas y enviadas hacia Placetas donde sus propios compañeros, por orden de la oficialidad los detienen y no les dan de comer.[93] La guarnición de Guayos y Cabaiguán ha contraído la enfermedad de la derrota, y ésta es profundamente contagiosa.

La ofensiva del Che está funcionando como una maquinaria de relojería perfecta. Aún resuenan los ecos de los últimos disparos en Cabaiguán cuando sin darse tiempo para dormir, los pelotones del ejército rebelde reciben la orden de volver a movilizarse.

VI

UN ESLABÓN INESPERADO:
LA INSURRECCIÓN DE SANCTI SPIRITUS

El Che le había dicho al capitán Armando Acosta, al enviarlo con la misión de organizar una fuerza, que presionara a la guarnición de Sancti Spiritus: "Si te parece llegas a Sancti Spiritus le tiras unos tiritos al cuartel y luego te retiras."[94] Parecía que no podría hacerse mucho más en esta primera fase de la ofensiva, el Che no podía desprender de la columna mayores fuerzas para proporcionárselas al capitán Acosta, cuando mucho una escuadra de combatientes para enfrentar una guarnición de 400 soldados que vigilaba una ciudad de 115 mil habitantes.

Acosta permaneció hasta el día 21 con su base en la zona del Capitolio, y se dedicó fundamentalmente a hacer un trabajo clandestino entrando en la ciudad y reuniéndose con los grupos urbanos del 26 de Julio, el Directorio y el PSP; así como realizar asambleas en fábricas de Sancti Spiritus en las que los obreros se comprometían a lanzarse a la insurrección en el momento en que se hiciera el llamado. Su pasado de organizador sindical y su prestigio colaboraba en la obra.[95]

El 21 de diciembre, cuando se combatía en Guayos y Cabaiguán, Armando Acosta inició el cerco de la ciudad con sus escasas tropas. Saboteó el puente del Tuinicú que había quedado semidestruido y acabó con él.

El 22 de diciembre las noticias llegadas de Cabaiguán y la presión de las fuerzas rebeldes actúan sobre la mermada moral de las fuerzas batistianas de Sancti Spiritus. Corre el rumor en un cierto sector de la población, de que el Che y Camilo acompañados de un personaje llamado Juana de Arco, que viene a vengar a su familia asesinada por la dictadura, venían a tomar la ciudad.

Armando Acosta cuenta: "La primera idea que tuvimos fue la de dividirnos en grupos, aislar la ciudad y ver la posibilidad de tomarla.

"En medio de la tremenda oscuridad y dando la impresión al pueblo de que éramos cientos o miles, se tiroteó la cárcel, el edificio de la Colonia Española y se descartó la posibilidad de que estuvieran emboscadas fuerzas de la tiranía en la iglesia."[96]

La operación sin duda da resultado, el jefe de la guarnición de Sancti Spiritus informa a sus superiores que un millar de rebeldes están tomando posiciones cerca del cuartel.[97]

El Che, mientras combate en Cabaiguán se mantiene al tanto de lo que está sucediendo en Sancti Spiritus y da la orden de que una escuadra salga de la reserva en Caballete de Casa para reforzar a Acosta. Israel Hernández, con unos 10 hombres, llega a tiempo de intervenir en la toma de la estación de policía; las armas que se encuentran ahí se distribuyen a las milicias urbanas.[98]

El pueblo se ha lanzado masivamente a la calle. Los ciudadanos de Sancti Spiritus atacan la cafetería Moderna y el Cine Renacimiento propiedad de conocidos batistianos.

Las fuerzas de Acosta, junto con las del capitán del Directorio Julio Castillo, aprietan el cerco al cuartel. Las instalaciones de la

Las tropas de Armando Acosta toman Sancti Spiritus.

feria agropecuaria arden. La ciudad se queda sin luz ni agua. A las dos de la madrugada los rebeldes y las milicias populares confluyen sobre el cuartel. Un B26 bombardea los barrios periféricos. Al amanecer del día 23 el pueblo está en la calle. Armando Acosta interviene evitando que se produzcan más incendios, explicando a la población que las propiedades de batistianos son ahora bienes del pueblo.

Se produce una tregua. Hacia las cinco de la tarde aprovechando que una avioneta bombardea la zona del cerco y violando la tregua, los soldados abandonan el cuartel y huyen hacia Jatibonico, la siguiente ciudad sobre la carretera central rumbo a Ciego de Ávila y distante unos 30 kilómetros de Sancti Spiritus.

El pueblo se desborda en las calles. A las 6.30 la estación de radio local informa de la liberación de Sancti Spiritus.

La televisión nacional anuncia a las 9 de la noche que la ciudad será bombardeada desde el aire. Es en esos momentos la población más importante de Cuba en manos de los rebeldes. Los pilotos, por primera vez en la campaña de Las Villas, no cumplen su cometido y arrojan las bombas al mar.

El día 24 se reduce a escombros el cuartel, huellas de torturas en los calabozos, sangre seca mancha las paredes. El pueblo exige a gritos por las calles paredón para los asesinos. Acosta en un discurso en el parque Serafín Sánchez señala: "Hay que evitar destruir lo que pertenece al pueblo; hay que demostrar disciplina y evitar que elementos perturbadores dañen este proceso revolucionario. Aún nos queda la batalla final."[99]

El frente guerrillero del Che cubre ahora 50 kilómetros sobre la carretera central, desde Sancti Spiritus a Placetas.

VII

LA GUERRA RELÁMPAGO SE GRADÚA: PLACETAS, EL QUINTO ESLABÓN

Dos horas después de la rendición de Cabaiguán, las tropas de la columna 8 al mando del Che Guevara atacaban la ciudad de Placetas, el último obstáculo sobre la carretera central que los separaba de la ciudad de Santa Clara.

La guerra relámpago se estaba graduando. Aunque la mayoría de los combatientes no durmieron en las últimas 48 horas, la operación no se había improvisado. Mientras se combatía en Caibaguán y en Guayos, mientras se tomaba Sancti Spiritus, y probablemente antes, el Che había diseñado cuidadosamente la operación sobre Placetas, una ciudad de 30 mil habitantes a 36 kilómetros de Santa Clara.

El día 23, el pelotón de Rogelio Acevedo había ocupado el pueblo de Falcón entre Placetas y Santa Clara y montado una emboscada para contener los hipotéticos refuerzos,[100] simultáneamente una columna del Directorio estaba actuando. Faure Chomón informaba: "Estamos presionando sobre Placetas. Ayer César Páz entró allí con una unidad y sostuvo un tiroteo. Habló por un carro amplificador y el pueblo lo aclamó. Después se retiró y la aviación bombardeó y ametralló los alrededores de Placetas. Pero salimos bien. Mantenemos el sitio. Hoy se nos han pasado unos militares, entre ellos un teniente con sus armas. . ."[101]

Otra columna del Directorio, la de Víctor Drake estaba limpiando los últimos cuarteles en las cercanías de la Sierra y abriendo una segunda vía hacia Santa Clara por el Sur. El mismo 22 atacó el cuartel de Mataguá, pero el ejército había decidido retirarse y reunir esas tropas con las del cuartel de Manicaragua, el único que quedaba en sus manos en la zona y que tras la toma de Mataguá quedaba cercado.[102]

A las 4.30 de la madrugada del día 23, la situación en la región sur de Las Villas era la siguiente: El ejército rebelde dominaba todos los cuarteles al norte y este de la Sierra de El Escambray con excepción del de Manicaragua. Mantenía sus bases en la Sierra convertidas en zonas de entrenamiento de la reserva que se iba incorporando al combate en la medida en que las armas de los cuarteles capturados se distribuían. Un pelotón del Directorio, al mando del recién rescatado Milanés, presionaba sobre la ciudad de Trinidad y desde el día 19 se había posesionado del central Trinidad donde se organizaron milicias del 26 de Julio y el PSP junto a las tropas del DR.[103] Sancti Spiritus estaba tomada por las fuerzas de los capitanes Acosta y Castillo, y el Che, tras la victoria de Cabaiguán, les había enviado, como refuerzo para avanzar sobre Jatibonico, al pelotón de Pantoja y "San Luis" (con ambos convalecientes de sus heridas). Atacar los cuarteles cada vez más al oriente era la mejor contención que podía realizarse para que la dictadura no pudiera enviar tropas desde Ciego de Ávila, donde sus reservas estaban relativamente frescas.[104]

Una parte de las fuerzas del Directorio actuaban en la zona de Báez, mientras otra se había sumado a la columna 8 para el ataque a Placetas.

Al amanecer, los guerrilleros comenzaron a infiltrarse en la ciudad aún con el sonido de los disparos de Cabaiguán zumbando en los oídos.

La guarnición de Placetas absolutamente desmoralizada, había pedido la evacuación del puesto, donde se encontraban más de un centenar de soldados. Un informe militar señalaba: "encontrándose carentes de moral y desanimados por completo para luchar contra el elemento rebelde en mayoría abrumadora, con efectivos indudablemente en relación de 50 a 1,[105] trayendo como consecuencia la desmoralización de la tropa precisamente en estos momentos en que más necesita el coraje. . ." En respuesta al informe se había ordenado la evacuación a Santa Clara, pero la orden era tardía porque Placetas estaba ya cercada.[106]

Las fuerzas del ejército, unos 150 soldados y policías, se encontraban distribuidas en el cuartel, el ayuntamiento, la estación de policía, el Liceo, el elevado sobre la carretera central, la Colonia Española y la azotea del cine de la Caridad.[107]

A las 4 y media de la madrugada comenzaron los disparos. Las tropas de Víctor Bordón entraron por un extremo del pueblo, las del Directorio dirigidas por Rolando Cubela por el otro; el pelo-

El Che en Placetas.

Roberto Rodríguez, "El Vaquerito".

tón suicida atacó al enemigo en el cine, Abrahantes del DR atacó el ayuntamiento y el pelotón de Alfonso Zayas la jefatura de policía.

El teniente Hugo del Río narra: "Había que ver cómo la población nos ayudaba en los distintos lugares donde combatíamos. En muchas ocasiones era tanta la cantidad de pueblo que se echaba a la calle que resultaba hasta peligroso porque podían ser víctimas de la metralla enemiga."[108]

El Che llegó a Placetas hacia las 6 y media de la mañana. En esos momentos el capitán Páez tomaba el cine de la Caridad[109] y el pelotón del Vaquerito, tras haber ocupado sin disparos la estación de la microonda, combatía en los elevados. Juana Rosa Jiménez cuenta: "Allí había un grupo como de 12 guardias que presentaron combate. En una posición muy ventajosa, los guardias tenían apostada una ametralladora treinta. El Vaquerito planteó que había que neutralizar esa ametralladora y atacó seguido por sus hombres. El resultado fue que los guardias salieron corriendo y dejaron la 30 con el parque y todo."[110]

El Che, desde una bodega en Placetas, se comunica con Faure Chomón por teléfono, quien mantiene una emboscada en Báez al suroeste de la ciudad para impedir el paso del ejército por esa carretera secundaria.

"—¿Cuál es la situación?

—En Falcón hay una emboscada con una 30 por si vienen refuerzos.

—¿De Santa Clara no hay indicios de que hayan mandado refuerzos?

—No, ninguno, hasta Falcón no han entrado.

El Che se echó a reír.

—Esa gente está perdida."[111]

Las fuerzas de Zayas mantenían la presión sobre la estación de policía, y a las cinco de la tarde bajo fuego de ametralladoras calibre 30, morteros y granadas, los policías pidieron una tregua para negociar con El Che. Media hora después se rendían.[112]

El fuego de los rebeldes se concentró sobre el cuartel donde se encontraban 104 soldados. El pelotón del Vaquerito actuó desde la parte de atrás y las tropas de Bordón desde el frente. El Che estaba en la línea de fuego.

Calixto Morales recuerda: "Me parece verlo en Placetas. Los francotiradores disparando y él por el medio de la calle como si nada."[113]

En Placetas, las fuerzas revolucionarias sufrieron una sorprendente adhesión. El teniente Pérez Valencia del puesto de Fomento, que había permanecido unos días en el campamento de Manacas, había sido ganado para la causa del 26 de Julio. Cuenta: "Le pedí al Che que me colocara un brazalete del 26 de Julio y mientras complacía mi petición, me dijo como en un susurro: —Yo no le prometo nada—. Le contesté que yo nada más pedía que me dejaran combatir."[114]

Pérez Valencia, utilizando el altavoz, presionó a los defensores para que se rindieran: "Que no corra sangre, que yo soy Valencia y estoy aquí bajo las órdenes del Che y hasta con mi arma estoy. El ejército rebelde no es lo que ustedes creen."[115]

El capitán cedió. El Che entró a "conferenciar con los oficiales de Batista. Venía herido. Empezó bajito y educado; pero el otro, el teniente Hernández Rivero, se puso arrogante, a decir que era un oficial de academia, que aquello lo defendía hasta la muerte. El Che le dijo unas cuantas cosas y se le rió. Él se le puso muy molesto, quiso seguir alardeando pero sus hombres tomaron la ini-

Los rebeldes en las calles de Placetas recién reconquistada.

ciativa de rendirse por su cuenta y lo pusieron en ridículo".[116]

"Al conocerse la noticia de la rendición de las tropas de la tiranía, el pueblo de Placetas se arrojó a las calles; las campanas de las iglesias se lanzaron al vuelo y en todos los lugares resonó el grito: ¡Viva Cuba libre!"[117]

Se rendían más de 150 hombres, y se capturaban 159 rifles, 7 ametralladoras ligeras, dos calibre 30, un mortero, granadas y parque.

Tras disponer la entrega de los prisioneros a la Cruz Roja para el día siguiente,[118] el Che montó en un *jeep* y fue a Yaguajay, donde Camilo y su columna sostenían el cerco sobre el cuartel. La reunión se celebró en el central Narcisa.

"La presencia del legendario guerrillero argentino provocó la lógica curiosidad y muchos pobladores del lugar se acercaron para verlo; se asomaban por todos lados.

"En medio de la conversación, antes de iniciar la reunión que sería privada, Camilo, al notar la curiosidad de los campesinos, le comentó a Ernesto Guevara:

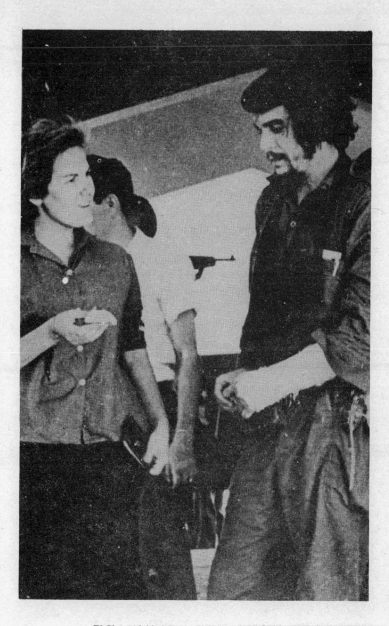

El Che y Aleida March, dirigente de la clandestinidad en la zona de Las Villas y su futura esposa.

"—Ya sé que me voy a dedicar cuando triunfemos: Te voy a meter en una jaulita y recorrer el país cobrando cinco kilos la entrada para verte. ¡Me hago rico!"[119]

La reunión entre los dos comandantes sirvió para precisar las futuras acciones. ¿Debería Camilo levantar el cerco a Yaguajay y unirse al Che en la ofensiva contra Santa Clara? ¿Había llegado ya la hora del ataque a la capital? El Che expuso sus planes, y se acordó que Camilo continuaría presionando sobre Yaguajay aunque colaboraría con una parte de sus fuerzas en las próximas operaciones del Che.[120]

Mientras los dos comandantes rebeldes trazaban la estrategia de los combates para los próximos días en Las Villas, de los talleres de la Ciénaga con dirección a Santa Clara parte el tren blindado. Su salida se ha retrasado hasta ahora por los continuos sabotajes y en el momento de partir lo hace con la dotación incompleta. Las deserciones se han multiplicado, y lo seguirán haciendo en el trayecto, y su comandante se fugará con un millón de pesos de los salarios de los soldados rumbo a los Estados Unidos.

Aun así, el tren blindado y sus ametralladoras estará en Santa Clara el día de Navidad. . . Esperando a las tropas del Che.[121]

VIII

EL ATAQUE RELÁMPAGO NAVIDEÑO, EL SEXTO Y EL SÉPTIMO ESLABÓN

Mientras los rumores situaban al Che a las puertas de Santa Clara, dispuesto a tomarla de un audaz golpe de mano, y los comunicados del ejército informaban que había llamado a la población de Placetas a marchar sobre la capital la misma noche del 23,[122] el Che diseñaba hábilmente las maniobras envolventes que le permitirían ir sobre la capital en las mejores condiciones, y al mismo tiempo sorprendía de nuevo al enemigo.

El 23, las fuerzas del Directorio habían atacado a las seis de la mañana el cuartel de Manicaragua y doce horas después los guardias huyeron abandonando el último cuartel en las estribaciones de la Sierra en manos de los rebeldes.[123] Esta conquista de un nuevo espacio para los movimientos de la guerrilla fue el detonador para que el plan de ataque del Che se completase. El 24 de diciembre ordenó a Víctor Bordón y su columna que operara sobre la carretera que en el sur va desde la Sierra hasta Cienfuegos y que luego ascendiera para cortar las comunicaciones de Santa Clara con La Habana.

Entre el 24 y el 25, el pelotón de Bordón tomó Cumanayagua, Camarones, Cruces y Lajas, dominando desde ahí la carretera central de Santa Clara a La Habana.[124]

Bordón recibió la orden de destruir el puente del Río Sagua y bloquear así el acceso de Matanzas a Santa Clara; además de que se colocaron emboscadas en toda la región.[125]

En el oriente las fuerzas combinadas de Armando Acosta y Orlando Pantoja entran en Jatibonico el día 23 a las 11 de la noche. Un grupo ataca el cuartel y otro la microonda, haciendo que el ejército se repliegue.[126]

La comandancia rebelde se instaló el día 24 en el Gran Hotel Tullerías de Placetas, un hotel pueblerino cuyo nombre aparentaba más que su presencia, aunque había sido fundado en 1912.

Y su dueño había ordenado la limpieza para cederle a la comandancia rebelde una habitación en buen estado.

El Che ocupó la habitación seis, y preparó la 22, a la izquierda de la escalera desde la que se asciende de la planta baja, como comandancia.[127] Desde esa noche, a pesar de tener la luz cortada operó la emisora de Placetas con una planta eléctrica que en la ciudad podía ser escuchada con radios de pilas. Un repetidor de la columna 8 sacaba las emisiones en onda corta, mientras la planta operaba en onda media.[128]

Con el oriente y el occidente de la carretera cubiertos por fuerzas que estaban presionando al ejército y al mismo tiempo operaban como contención de posibles refuerzos, el Che preparó una sorpresa a los soldados de la dictadura. Para celebrar la Nochebuena avanzó sobre Remedios en la costa norte de Las Villas y al noreste de Santa Clara, en la zona limítrofe de sus operaciones y las de la columna dos de Camilo, que lo apoyaría en estos combates.

A mediodía del 25 de diciembre se inició la operación relámpago sobre Remedios y Caibarién, distantes entre sí unos 8 kilómetros. Entre los dos cuarteles del ejército, a los que se sumaban fuerzas policiacas y marineros, reunían el doble de efectivos (unos 250), que los del cuartel de Fomento donde se había iniciado la ofensiva de Las Villas, y el Che esta vez iba a oponerles sólo un fragmento de su columna (las fuerzas de Bordón estaban en Ranchelo y Cruces, los pelotones de Olo y el de Acosta en Jatibonico) y ni siquiera apelaba a la columna del Directorio que iniciaba en ese momento una maniobra envolvente por el sur de Santa Clara. Pero en cambio los cinco pelotones que actuarían (unos 120 hombres) estaban con la moral en los cielos, fogueados en el combate urbano y sus enemigos desmoralizados, a la defensiva. El hecho es que el Che se animaba por primera vez en la ofensiva de Las Villas a atacar en campo abierto a una fuerza que doblaba a la suya.

El Che había movilizado sobre Remedios los pelotones de Alfonso Zayas, el pelotón suicida del Vaquerito, el pelotón de Miguel Álvarez, el de Rogelio Acevedo y los refuerzos de la columna de Camilo.

"A pleno sol, porque era mediodía, acompañamos al Che en la acción de colocar en Remedios una vanguardia de sus tropas de la columna 8, al mando de los capitanes Vaquerito y Alfonso.

Nuestro fuego se concentró sobre el cuartel militar y el ayuntamiento donde estaba instalada la estación policiaca."[129]

El primer punto en caer en manos de los rebeldes fue la Junta Electoral donde las fuerzas del pelotón suicida atacaron a un grupo de guardias que se rindió sin ofrecer demasiada resistencia. El pelotón se hizo cargo además de la distribución de alimentos a los rebeldes que mantenían bajo fuego la comandancia de policía y el cuartel (donde se encontraban un total de unos 200 soldados).[130]

Iniciado el combate un nuevo pelotón se sumó a las fuerzas que estaban combatiendo, el del capitán Alberto Fernández, "Pachungo",[131] formado por 45 reclutas de Caballete de Casa, armados por el doctor Vicente de la O en Placetas con los fusiles recién capturados al ejército. El pelotón vivió en Remedios su bautizo de fuego.[132]

El combate en torno a la estación de policía se volvió encarnizado. Acercándose a la estación "El Vaquerito detuvo a la tropa y ordenó que nadie lo siguiera hasta que impartiera la orden, y se lanzó a cruzar la esquina. Los compañeros miembros del pelotón Ramiro Santiago y Orestes Concepción, no lo oyeron y cruzaron la calle detrás de él. Cuando los vio en la acera opuesta los mandó regresar, pero caminando. Los compañeros regresaron al lugar de origen y afortunadamente no fueron víctimas de la metralla. Esto les sirvió de mucha experiencia".[133]

El pelotón suicida cortó el agua a los sitiados y al anochecer inició un ataque con molotovs.[134]

"En medio de la oscuridad nocturna, cruzaban el aire los cocteles molotov que estallaban contra las paredes del Ayuntamiento. Pronto el edificio se tornó incontenible hoguera. El fuego enemigo cesó para dar paso a voces temerosas que anunciaban su rendición."[135]

Una foto memorable registra al Vaquerito rodeado de sus hombres, ojos vidriosos y mirada fija, alucinando por el agotamiento y la tensión, y al fondo el viejo caserón con las llamas brotando por las ventanas.

En la noche se cerró el cerco sobre el cuartel del ejército. El pelotón suicida va a rematar el trabajo realizado por otros pelotones de la columna, el teniente Hugo del Río cuenta:

"Ya habíamos tomado tantas posiciones que estábamos pegados a la caballeriza del cuartel. Llegó Miguel (el capitán Miguel Ál-

"El Vaquerito" con un grupo del pelotón suicida, al fondo arde
el cuartel de Remedios.

varez cuyo pelotón los iba a relevar en el ataque final al cuartel por órdenes del Che), y nosotros pensamos que íbamos a descansar, porque llevábamos muchos días sin dormir, de combate en combate, pero no fue así. El Vaquerito nos reunió y nos comunicó que íbamos para Caibarién.

Cuando estábamos en los trajines del relevo, Miguel le preguntó a El Mexicano:

—¿Dónde está el cuartel que nosotros tenemos que atacar?

El Mexicano poniendo la mano en la pared del propio cuartel le dijo:

—Aquí está, éste es el cuartel."[136]

Sin que hubieran terminado las operaciones en Remedios, las tropas de la columna 8 iniciaron el ataque a Caibarién. Poco antes de las 11 de la noche del 25 el Che había iniciado la infiltración utilizando dos pelotones, el de Ramón Pardo, "Guile" y el de Justo Parra. La población salió a la calle y rodeó a los rebeldes informándoles que los batistianos se habían refugiado en el cuartel de la Guardia Rural y en el Puesto Naval. A las once de la noche comenzó el tiroteo sobre ambos.[137] El capitán de la marina Luis Aragón rindió el Puesto Naval atacado por el pelotón de Parra sin combatir. El teniente Pérez Valencia ya sumado al ejército rebelde actuó como mediador.[138]

"Desde la propia planta de radio de la marina batistiana, el comandante Ernesto Guevara conminó a la rendición de una fragata cercana, cuyo comandante aceptó no intervenir en la lucha. Según manifestó a sus subalternos, el Che pensaba desmantelar la artillería del buque y utilizarla posteriormente en la planteada toma de la ciudad de Santa Clara."[139]

Al amanecer del 26 de diciembre el pelotón suicida entró a Caibarién. La población se había sumado ya masivamente al cerco y colaboraba en los combates que mantenía el pelotón de "Guile" sobre fuerzas superiores.

Los dos pelotones mantuvieron durante la mañana del día 26 el acoso. Se tiraba continuamente, se les había cortado el agua y los soldados no podían ni asomar la cabeza. La resistencia sin embargo, se mantenía, desesperando a los sitiadores. Se trató de incendiar el cuartel con gomas de automóviles en llamas, el experimento fracasó. El Vaquerito consiguió un carro de bomberos, ordenó que lo llenaran de gasolina y se acercó al cuartel para rociarlo, a riesgo de que los volaran a todos.

Con un altoparlante habló con los soldados en el cuartel de la Guardia Rural. Surgió una bandera blanca de una de las ventanas. El Vaquerito avanzó caminando hacia ella. El teniente a cargo del puesto se negaba a rendirse, parece ser que había cometido algunos crímenes contra la población y tenía miedo a las represalias. El Vaquerito inidignado lo retó a darse de tiros con él afuera y no seguir exponiendo a sus soldados que no querían combatir. Mientras tanto, algunos rebeldes estaban desarmando a los soldados dentro del cuartel. El teniente insultó al Vaquerito, quien le contestó que estaba muy cansado y mientras los soldados lo pensaban él se iba a dormir un rato. Acto seguido se dejó caer en un catre de campaña y quedó profundamente dormido. Fue el golpe final a la moral de los guardias que no tardaron en rendirse.[140]

Era la mañana del 26 de diciembre. Pocas horas antes el cuartel de Remedios había caído en manos de los rebeldes. En Remedios y Caibarién se habían capturado más de 200 fusiles y tomado más de 250 prisioneros. El ejército, en sus partes oficiales, decía que 1200 rebeldes habían actuado en los ataques.[141]

Una foto muestra al Che en la entrada del cuartel de Remedios; demacrado pero sonriente, con el brazo izquierdo enyesado; parece mirar hacia el horizonte, a su izquierda Duménigo, el cocinero de la columna 8 lo contempla; tiene una mirada más prosaica, parece pensar en la inexistente cena. Durante aquellos días de combate continuos, la tropa rebelde pocas posibilidades había tenido de comer, más allá de lo que la población les había dado a mitad de los enfrentamientos.

IX

"A LAS DOCE DE LA NOCHE, LA COLUMNA ESTABA FORMADA EN PLACETAS"

Mientras las fuerzas del Che combatían en Remedios y en Caibarién, un cambio importante se producía en el lado batistiano; de la conducción de la guerra en Las Villas el coronel Joaquín Casillas Lumpuy tomaba el mando de la región substituyendo al indeciso Río Chaviano. Ese mismo día el tren blindado había salido de la ciudad de La Habana rumbo a Santa Clara. Casillas traía como carta de recomendación sus tropelías en la zona de Oriente durante la guerra y el asesinato en 1948, cuando tan sólo era capitán, del líder azucarero Jesús Menéndez en Manzanillo.

Un informe del SIM del 27 de diciembre sobre el estado de las tropas batistianas en Santa Clara, mostraba con bastante objetividad las dificultades que el coronel Casillas iba a encontrar:

"Las tropas en general de aquella provincia se observan con mucho pesimismo, y se quejan de qué en ningún caso donde se han batido con los alzados, siendo estos más numerosos y haber pedido refuerzos de hombres y parque, no se les ha enviado."[142]

El informe contenía una inexactitud, las tropas batistianas en la mayoría de las operaciones se habían enfrentado a fuerzas enemigas iguales o inferiores en número y no superiores; inferiores también en armamento, pero que actuaban a la ofensiva y que suplían con una tremenda moral y una excelente conducción a nivel de conjunto, y de escuadras y pelotones, las carencias.

En 10 días el Che le había arrebatado a la dictadura un territorio de más de 8 mil kilómetros cuadrados con casi medio millón de habitantes; había tomado 12 cuarteles del ejército, la guardia rural, la policía y la marina en 8 pueblos y pequeñas ciudades, había obligado a retirarse a las guarniciones de otra media docena de pueblos, había capturado cerca de 800 prisioneros y obtenido cerca de 600 armas largas y municiones abundantes.[143]

Operando con una gran flexibilidad y acelerando el ritmo de la ofensiva, en la medida en la que descubría las debilidades del enemigo, con un bajísimo costo en muertos y heridos,[144], había enriquecido y desarrollado su experiencia guerrillera adaptándola a las condiciones de una ofensiva relámpago en territorio abierto y zonas urbanas. Si bien conservaba algunos de los principios del planteamiento de la Sierra: emboscadas de contención, fragmentación y aislamiento del enemigo, concentración de fuerzas sobre un solo punto, desgaste moral de las tropas sitiadas, guerra de propaganda continua a través de la radio y la entrega de prisioneros desmoralizados, tremenda disciplina en sus unidades (proposiciones que surgían del pensamiento militar de Fidel aplicado en la Sierra Maestra), el Che había añadido en las nuevas circunstancias los ataques simultáneos, la movilidad por carretera de sus fuerzas, la fragmentación de la columna en pequeñas unidades, la utilización de la población civil, que se había volcado en su apoyo, como retaguardia activa; y algunas experiencias recién adquiridas del combate urbano: utilización del interior de las viviendas y del túnel en medio de las casas, utilización de las bombas molotov, infiltración y aislamiento de las posiciones del enemigo, para obligar a un combate a corta distancia.

Pero quizá lo que hacía de la conducción de la ofensiva por el Che una experiencia brillante[145] eran dos factores, el haber unificado las fuerzas combatientes de la provincia aislando a las tropas del II Frente[146] y la velocidad de reacción, lo que le había impreso a la ofensiva un ritmo desconcertante para el enemigo, disminuyéndole la poca capacidad de respuesta que ya tenía.

Al descubrir en Fomento que las tropas de Río Chaviano no saldrían en apoyo de los sitiados y que éste se limitaría a utilizar la aviación, el Che disminuyó el peso de las emboscadas de bloqueo y desgaste y concentró mayores fuerzas en los ataques a los cuarteles, pasó a un concepto de la contención más activo, movilizando pelotones de choque ofensivo hacia el sur y el oriente de la zona de combates, incorporó rápidamente fuerzas de reserva conforme iba obteniendo armas y aceleró la velocidad de la ofensiva. Entre el combate de Fomento y el ataque a Guayos y Cabiaguán pasaron 61 horas, pero entre la toma de estas ciudades y el ataque a Placetas pasaron tan sólo 2 horas, y entre la toma de Placetas y el inicio del ataque a Remedios y Caibarién tan sólo 12 horas.

La conducción de la guerra en Las Villas por él hecha resultaba muy imaginativa. Había aprovechado todas las debilidades del enemigo y toda la tremenda fuerza de sus "invasores"; esos jóvenes campesinos en su mayoría, aparentemente inagotables, valientes al grado de la locura, burlones, risueños, fuertemente motivados, solidarios entre sí, orgullosos, acariciados por la admiración popular y conducidos por capitanes y tenientes que les hacían más que justicia.

Se acercaba la "Hora de Santa Clara". El 27 de diciembre, en Placetas, la situación de las fuerzas conjuntas del 26 de Julio y el Directorio, podía establecerse de la siguiente manera:

En el oriente, el pelotón de Orlando Pantoja y "San Luis" se había tenido que replegar de Jatibonico por la aparición de refuerzos del ejército entre los que se encontraban tanques y blindados y estaban bajo bombardeo de la aviación batistiana. Aún así, el pelotón que ya era una pequeña columna de casi un centenar de hombres había colocado una emboscada en Trilladeritas para impedir que las tropas pudieran recibir nuevos refuerzos y estaba conteniendo al ejército.[147]

Al suroeste y noroeste de Santa Clara donde operaban las fuerzas de Víctor Bordón para empezar a encerrar la capital de la provincia en un cerco, la situación era también difícil:

Esta pequeña columna de unos 75 hombres había venido describiendo un arco de sur a norte tomando una serie de pequeños cuarteles y buscando el bloqueo definitivo de la carretera central La Habana-Santa Clara. El día 25 habían tomado Cruces donde tuvieron que frenar a una columna militar de apoyo que venía de Cienfuegos.[148] El 26 Radio Continental informaba que las fuerzas rebeldes habían sufrido un bombardeo de 7 horas de duración que les había causado muchos heridos y gran cantidad de bajas entre la población civil en la zona de Encrucijada.[149] Aún así, el día 26 Bordón cumplía la orden del Che de cortar la carretera central y atacaba las fuerzas que defendían el puente sobre el Río Sagua entre Santo Domingo y Jicotea, pero no lo pudo tomar y fue rechazado con varias bajas.[150]

En el repliegue, sobre la misma carretera y rumbo a Santa Clara, Bordón atacó el cuartel de Santo Domingo y tras un terrible combate que duró pocas horas lo tomó gracias a un gran apoyo popular.[151]

La situación sin embargo era muy difícil. Se realizaron nuevos

En el centro de la foto el capitán Víctor Bordón.

ataques contra el puente, pero éste se encontraba cubierto por dos ametralladoras calibre 30 y 50 y por un blindado, y no existían obstáculos naturales donde poder cubrirse.

La comandancia de los rebeldes se instaló en la central telefónica desde donde se mantenían informados de la situación y al amanecer del 27 se planeó un nuevo ataque al puente, pero no desde Santo Domingo porque las fuerzas de la columna de Bordón tuvieron que abandonar la ciudad ante la amenaza de un nuevo ataque aéreo. A pesar de los intentos de los combatientes, el puente siguió en poder del enemigo, y además corría el rumor de que le llegarían a los soldados nuevos refuerzos desde Matanzas.

A las 8 de la noche del día 27, las fuerzas de Bordón fueron atacadas desde su retaguardia por una columna con blindados que venía de Santa Clara al mando del propio Casillas Lumpuy, quien sabía que si se le cortaba el paso a La Habana quedaría cercado totalmente por los rebeldes.

Las tropas de Bordón se replegaron combatiendo, y se concentraron en el central Washington volviendo a cortar la carretera,

Un equipo sanitario de la columna 8.

73

ahora al occidente de Santo Domingo. Al amanecer del día 28 casillas se retiró dejando en Santo Domingo una guarnición al mando del comandante Estanislao Hernández con 150 hombres.[152]

Aunque los rebeldes han sido obligados a replegarse dos veces, el objetivo final se ha logrado y la carretera permanecerá cortada a partir de este momento cuando los hombres de la columna colocan sobre la carretera varios carros de ferrocarril soldándolos y sitúan una serie de emboscadas entre Santo Domingo y Manacas. La habilidad de Víctor Bordón para evitar entramparse en un combate frontal contra fuerzas muy superiores, y el haber pasado de la defensa de las posiciones conquistadas a un repliegue y establecimiento de emboscadas de contención, lo ha permitido. De La Habana no llegarán refuerzos a Santa Clara si Bordón puede sostenerse.

Al noreste, la columna dos de Camilo mantiene sitiado el puesto de Yaguajay y·controla toda una vasta zona.

En el sur una parte de las fuerzas del Directorio mantiene cercada la ciudad de Trinidad. El 27 de diciembre, en la tarde, en la habitación 22 del hotel Tullerías de Placetas, el Che se reúne con el segundo comandante de la columna Ramiro Valdéz y con Rolando Cubela el comandante de las fuerzas del Directorio, porque el secretario general de la organización Faure Chomón, quien habría sido el hombre clave en las relaciones entre el Directorio y el 26 de Julio, se ha hecho cargo de las tropas que operan sobre Trinidad.[153]

A la luz de un quinqué se hace un balance de la situación de Santa Clara y su guarnición; los rebeldes cuentan con abundante información proporcionada por la clandestinidad de Santa Clara, conocen la ubicación de las tropas enemigas y su fuerza, conocen las características del tren, y el número de tanques con los que cuenta Casillas Lumpuy para la defensa de la ciudad de 150 mil habitantes. Conocen incluso la afirmación de Batista, a través de la *United Press International,* de que enviará 2000 hombres más a Santa Clara.[154]

El Che se encuentra ante la alternativa de dar un tiempo para que las fuerzas de Camilo tomen Yaguajay y las de Faure ocupen Trinidad y ambas se concentren en apoyo a la operación sobre Santa Clara, o en cambio avanzar sobre la ciudad con las reducidas fuerzas de la columna 8 (tómese en cuenta que las tropas del Che

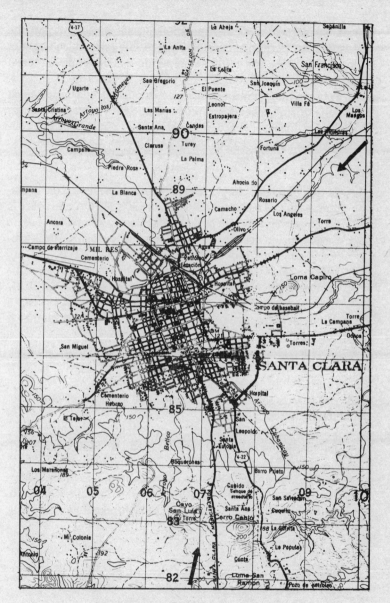

Fragmento del mapa que utilizó Núñez Jiménez para buscar los accesos a Santa Clara. En él marcados la dirección de los dos ataques centrales.

estaban mermadas por la disposición que había hecho de parte de sus fuerzas: Bordón al occidente y Acosta y Pantoja en Oriente, lo que le restaba a la columna un par de centenares de hombres) así como las del Directorio.

Sobre la mesa hay un balance de las fuerzas que entrarían en acción por ambos bandos, y un mapa de Santa Clara que ha traído Núñez Jiménez, el geógrafo nativo de la ciudad que se ha sumado a las fuerzas del 26 de Julio.

Casillas cuenta con:

- El tren blindado, 28 oficiales, 380 soldados, morteros, un cañón, bazukas, ametralladoras calibre 30 y 50, ubicado sobre la vía en las cercanías de la Loma del Capiro.
- La guarnición del Leoncio Vidal, el principal cuartel de la provincia con unos 1300 hombres, tanques y tanquetas.
- Una guarnición en el aeropuerto al oeste de la ciudad con una compañía de soldados (de 80 a 120 hombres).
- El cuartel del escuadrón 31 de la Guardia Rural con una cantidad de guardias que oscilaba de 250 a 300, con dos tanques y dos tanquetas.
- Las fuerzas de policía en la estación local con unos 400 hombres entre policías, informadores y soldados, con dos tanques cometa y dos tanquetas.
- Las fuerzas del Cuartel de Caballitos, una compañía de unos 100 hombres.
- La guarnición de la Cárcel Provincial, unos 20 soldados.
- La guarnición del Gobierno Provincial, unos 30 soldados.
- La guarnición de la Audiencia, unos 30 soldados.
- Una guarnición en la Clínica Marta Abreu, unos 40 soldados.
- Un destacamento de francotiradores del SIM junto con varios masferreristas, en el Gran Hotel, una docena de hombres que dominan el centro de la ciudad.[155]

En total casi 3 200 batistianos a los que habría que sumar el apoyo activo de la aviación.

De todas estas fuerzas, el Che estaba particularmente inquieto por los 10 tanques, sobre todo porque su única arma antitanque, la bazuka, estaba fuera de servicio.[156]

Para atacar esa ciudad con sus más de tres mil soldados, sus tanques y su aviones, su tren blindado erizado de ametralladoras, el Che contaba con las siguientes fuerzas:

- Pelotón del capitán Rogelio Acevedo, 30 hombres.
- Pelotón del teniente Alberto Fernández, "Pachungo", 10 hombres.
- Pelotón suicida al mando de Roberto Rodríguez, "El Vaquerito", 24 hombres.
- Pelotón de Vanguardia al mando del teniente Emerio Reyes, 30 hombres.
- Pelotón del capitán Alfonso Zayas, 50 hombres.
- Pelotón del capitán Ramón Pardo, "Guile", 40 hombres.
- Pelotón de comandancia, capitán Miguel Álvarez, 30 hombres.
- Columna del Directorio Revolucionario, 100 hombres.
- Pelotón de la reserva al mando del teniente Pablo Ribalta, 50 hombres.[157]

En total 364 rebeldes armados con fusiles automáticos y semiautomáticos M1 *garand,* San Cristóbal, *springfield),* algunas ametralladoras calibre 30 con pocas municiones, y sobre todo, el potencial apoyo de la población civil.

Casi 9 soldados por cada rebelde, y las fuerzas del Che irían a la ofensiva. Los manuales militares estarían de acuerdo en que el comandante Che Guevara estaba preparando una locura. Iba a tomar la iniciativa frente a una guarnición que lo superaba en fuerza 9 a 1, y que tenía un poder de fuego muy superior al suyo en una tremenda proporción; renunciaba a concentrar una parte importante de sus tropas en la operación (no tanto las que hacían labores de contención en el oriente y el occidente, como las de Camilo[158] y Faure Chomón); avanzaba con tropas que apenas si habían tenido reposo y sueño en los últimos diez días (algunos de los hombres del pelotón suicida llevaban tres días sin dormir, lo mismo que los de Alfonso Zayas), y las municiones eran escasas.

Pero la guerra del pueblo no se rige por manuales. El Che sabía que la velocidad de su accionar impedía que la dictadura pudiera reforzar Santa Clara; operaba sobre fuerzas desmoralizadas y contaba con el apoyo popular.

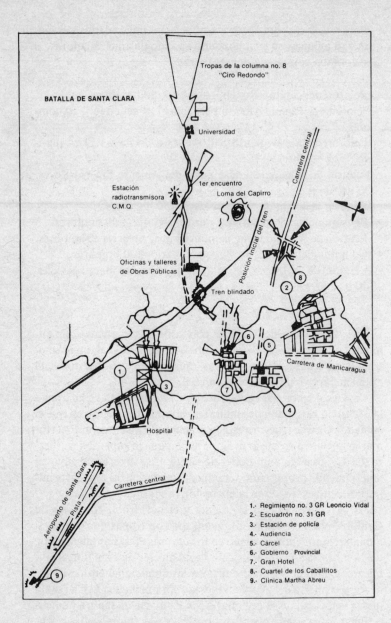

BATALLA DE SANTA CLARA

Tropas de la columna no. 8
"Ciro Redondo"

Universidad

Estación
radiotransmisora
C.M.Q.

1er encuentro
Loma del Capirro

Carretera central

Posición inicial del tren

Oficinas y talleres
de Obras Públicas

Tren blindado

Carretera de Manicaragua

Hospital

Aeropuerto de Santa Clara

Pista

Carretera central

1.- Regimiento no. 3 GR Leoncio Vidal
2.- Escuadrón no. 31 GR
3.- Estación de policía
4.- Audiencia
5.- Cárcel
6.- Gobierno Provincial
7.- Gran Hotel
8.- Cuartel de los Caballitos
9.- Clínica Martha Abreu

Principales puntos de defensa del ejército batistiano y zona de
acceso de los rebeldes a la ciudad.

Pero sobre todo, contaba con el sorprendente poder de combate de sus hombres, fogueados en los últimos 11 días, convencidos de la justicia de la causa, convencidos de la proximidad de la victoria. Contaba conque el ejército quedaría atrapado en la ciudad que pensaba defender y que podría ir aislando los reductos de las fuerzas militares para combatirlos por separado. Pensaba que sería una batalla larga.

Sólo en esto último, el Che Guevara no acertaría.

En la habitación del Hotel Placetas, únicamente quedaba por resolver la dirección central de la ofensiva. El Che tenía que entrar a Santa Clara evitando que los tanques del enemigo combatieran a la columna en despoblado o que la aviación pudiera bombardearlos en una zona sin refugio.

Núñez Jiménez, nombrado por el Che jefe del Servicio Topográfico de la columna 8, tenía que resolver el problema.

"El Che me pidió que le encontrara un camino por el cual pudiera llegar con sus tropas a las puertas de Santa Clara sin ser descubierto por el enemigo. No podíamos utilizar la carretera central partiendo de Placetas ni la carretera de Santa Clara a Camajuaní, ramales en donde estábamos (. . .) Pero había otro camino. Un camino vecinal poco frecuentado que partiendo de La Vallita, llega hasta las afueras de Santa Clara por la Ciudad Universitaria. . ."[159]

Entre las 11 y las 12 de la noche los pelotones de la columna 8 empezaron a formarse en la calle principal de Placetas aquel 27 de diciembre; simultáneamente las fuerzas del Directorio comenzaron a reunirse en Manicaragua, 30 kilómetros al sur de Santa Clara, esperando la orden de avanzar.[160]

Años más tarde, el Che formularía de una manera muy sintética los motivos detrás de la decisión que había tomado: "Frente a la rigidez de los métodos clásicos de guerrear, el guerrillero inventa su propia táctica en cada momento de la lucha y sorprende constantemente al enemigo."[161]

X

LOS MAU MAU EN SANTA CLARA

Al frente de la columna, apuntando hacia Santa Clara, cabalgaba la fama de los rebeldes, conocidos como los mau mau, de quien se decía eran caballeros, magnánimos, liberaban a sus prisioneros tras haberles explicado la razón de la revolución, atendían a heridos propios y ajenos, nunca abandonaban a un compañero en combate, avisaban sus ataques, rehuían el derramamiento inútil de sangre, nunca eran derrotados.[162]

Tras la fama, seguía el pelotón de Rogelio Acevedo que había sido enviado en misiones de exploración. Tras él, el pelotón suicida, luego el resto de la columna. El Che, en el centro, en un *jeep* toyota de color rojo.

La ciudad está en calma, silenciosa. Desde hace 24 horas no se escuchan las sirenas de las perseguidoras.* Los soldados se han encerrado en los cuarteles y en las posiciones defensivas que les han señalado sus mandos.

A las dos de la madrugada la vanguardia de Acevedo se aproxima a Santa Clara: "Llegamos a la Universidad y proseguimos camino en dos *jeeps;* preguntamos a los vecinos de las casas lejanas por la presencia del enemigo para evitar emboscadas. Sólo veíamos carros distribuidores de leche en su marcha hacia la ciudad.[163]

A las cuatro de la madrugada arriba a la Universidad el segundo contingente de los rebeldes; hacia las seis llega el Che Guevara. Acevedo se ha adelantado con su pelotón y hacia esa misma hora toma la estación de radio CMQ sobre la carretera, dos kilómetros adelante del resto de la columna.[164]

Enviado por el capitán Acevedo, el pelotón de Alberto Fernández, "Pachungo", desarrolló una mayor penetración acercándose a los límites de la ciudad. Se embosca en una bocacalle. A los pocos minutos aparece un camión repartidor de leche; el teniente

* Radiopatrullas.

80

En el centro de la foto Rogelio Acevedo, jefe de la vanguardia.

Fernández lo deja pasar con el argumento de que esa leche es para los niños de Santa Clara y quién sabe cómo la podrán obtener en los días por venir. Minutos más tarde se aproxima un automóvil con fuerzas del ejército, se entabla el tiroteo.[165] Los informes militares reportarán la muerte de un cabo del ejército. Poco después aparece la primera columna enemiga. Tras el choque, el pelotón de Alberto Fernández se repliega para conectar con la columna.

Hacia las ocho de la mañana inicia su avance, desde la Universidad, la columna 8. Por las cunetas, en dos largas filas indias. En el centro el Che con una pequeña escolta.[166]

Al llegar a la planta CMQ la vanguardia se encuentra con dos estudiantes que llevan detenido a un soldado para entregarlo a los rebeldes. Mientras lo están interrogando. . . "apareció por la carretera un *jeep*. Acevedo le abrió fuego. El *jeep* frenó y viró rechinando las gomas.* Entonces, apuramos la marcha sobre la ciudad, porque sabíamos que el *jeep* iba a informar.

"Habíamos avanzado unos trescientos metros, y sorpresivamente en una curva del camino, apareció una tanqueta abriendo fuego sobre la marcha. Nosotros nos desplegamos enseguida y respondimos al fuego. Yo recuerdo que pasé una alambrada con la mochila y el fusil y ni el sombrero se me cayó".[167]

Los guerrilleros se despliegan, toman los portales de las casas, responden el fuego. La tanqueta se retira pero deja a cinco rebeldes muertos y varios heridos, sus cuerpos ensangrentados en la carretera.[168]

En ese momento comienzan los disparos desde el flanco izquierdo de la columna que avanza, son los soldados del tren blindado que han tomado posiciones en la Loma del Capiro.[169]

En la facultad de Pedagogía de la Universidad se improvisa un primer hospital de sangre. El Che comenta con Fernández Mell que para tomar Santa Clara será necesario al menos un mes de combates.[170]

Los rebeldes llegan a la vía del tren y establecen una primera línea defensiva para aislar a los soldados que se encontraban en la loma y frenar a los refuerzos que aparecieran por la carretera. La labor de contención se encomienda al pelotón de "Guile".[171] Se da la consigna a los pelotones de comenzar a infiltrarse en la ciu-

* Llantas.

dad, sobre los objetivos secundarios, evadiendo el cuartel Leoncio Vidal.

La aviación había iniciado los bombardeos desde las 8:35 de la mañana. Vuelan sobre Santa Clara 10 B26 y F47 bombardeando, ametrallando y arrojando *rockets* sobre los barrios periféricos de la ciudad. Las primeras operaciones se prolongan hasta las 10:05 de la mañana. Una bomba que cae frente al Hospital de maternidad e infancia destruye ocho casas. Son particularmente castigados los rebeldes que se aproximan a la Loma del Capiro y las fuerzas del Directorio que se acercan al cuartel de Caballitos.

La población civil que no ha sufrido hasta ahora ningún bombardeo se atemoriza. Son ametrallados los vehículos que circulan por las carreteras de Manicaragua, Camajuaní y la carretera central. La ciudad se estremece por la explosión de las bombas.[172]

Hacia las 10 de la mañana habían hecho su entrada en Santa Clara, por la carretera de Manicaragua, las tropas del Directorio en una caravana de camiones precedida por dos automóviles. El camino de acceso había sido lento por los obstáculos que las propias fuerzas rebeldes habían colocado en días anteriores, pero no se habían producido choques con el ejército. En los primeros automóviles viajaban los capitanes del DR, Raúl Nieves, Víctor Dreke, Abrahantes (El Mexicano), César Páez, Oropesa. Gustavo Machín Hoed y el comandante de la columna Rolando Cubela. Iban bien armados con ametralladoras calibre 30, fusiles automáticos y abundante parque.

Esperaban un despliegue de las fuerzas del enemigo en esa zona, las mismas que tenían la misión de atacar según las órdenes del Che, las concentradas en el cuartel de Vigilancia de Caminos (Los Caballitos) y el cuartel del escuadrón 31 de la Guardia Rural. Los soldados sin embargo se encontraban en posicione_ defensivas en las inmediaciones de los cuarteles.[173]

Víctor Dreke cuenta:

"Al acercanos a un garage que había allí nos tropezamos con uno o dos casquitos, los que al notar nuestra presencia comenzaron a tirarnos, y al poco rato aparecía la aviación que comienza a ametrallarnos. Tuvimos que abandonar los camiones. En ese momento se precisaron las misiones (. . .) Nieves marchará con su grupo a pie hacia el Escuadrón 31 y el otro avanzará hacia la posición de "Los Caballitos".[174]

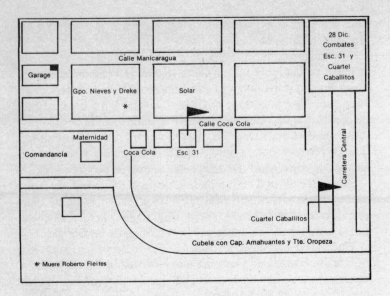

Diagrama de la zona donde combatían los militantes del DR13.

Cubela comenta:

"Para nosotros era algo increíble que estuviéramos avanzando sobre la capital de la provincia con fuerzas muy inferiores a las del enemigo".[175]

Hacia las 11 de la mañana y bajo bombardeo, los combatientes del Directorio se acercan a unos 600 metros del cuartel. Los grupos de Nieves y Dreke toman posiciones en el edificio de Coca Cola y en la Maternidad obrera. Abrahantes inicia el ataque sobre Los Caballitos y es rechazado, pero las fuerzas del teniente López logran escurrirse hacia la retaguardia del enemigo.

Dreke narra: "Como a las 11 ó 12 de la mañana la situación era bastante crítica, ya que algunos soldados habían salido del Escuadrón en unas tanquetas y disparaban sobre nuestras posiciones, sobre los compañeros que se encontraban en los alrededores de las casas. Los guardias disparaban y retrocedían al interior del cuartel, mientras otros avanzaban con las tanquetas. . ."[176]

La situación es difícil para el pelotón de Nieves y Dreke, los tanques llegan a las puertas de las casas donde se han fortificado. Roberto Fleites muere cuando intenta utilizar contra los tanques las bombas molotov que había estado fabricando con un grupo de vecinos.

Desde la guarnición del cuartel Leoncio Vidal, el coronel Casillas se comunica con el Estado Mayor en Columbia. Pide se le envíen refuerzos desde Cienfuegos por avión. Informa del avance desde Manicaragua de una columna de los rebeldes (la del DR13) y pide la bombardeen. Informa del primer choque contra los rebeldes en la carretera de Camajuaní (con el pelotón de Alberto Fernández); avisa sobre los choques en la Loma del Capiro, y el primer enfrentamiento de los tanques. Informa de las acciones en el occidente (Santo Domingo) y el inicio de los enfrentamientos en Trinidad.[177]

Su informe da la impresión de una enorme confusión, no hay en él ninguna observación de las medidas que ha tomado, o una mínima propuesta de contraataque. Ni siquiera hay una valoración del uso de los tanques en los primeros combates. Si algo trasluce la información es su angustiosa petición de más apoyo aéreo.

Desde la base de Columbia se ordena una nueva oleada de bombardeos; los B 26 y los *Sea Fury* atacan de nuevo los barrios de Santa Clara. Las acciones se producen de las 10:42 de la mañana a las 16:54. Un periodista habría de calificarlo como "el peor bombardeo" que había de sufrir la ciudad en toda la batalla.[178]

El Che, desde la CMQ, lanza un llamado a la población a colaborar con los rebeldes. Al salir, una niña le pide que se detenga para tomarle una foto, el Che desconcertado posa para ella.[179]

Siguiendo las instrucciones del Che comienza a producirse la infiltración en la ciudad. Mientras el pelotón de Ramón Pardo, "Guile" opera sobre los soldados del tren que disparan desde las Lomas del Capiro, apoyado por el pelotón suicida, los otros pelotones van avanzando hacia el interior de Santa Clara.[180]

En el frente del sur, las tropas del Directorio aprovechan la ausencia de luz del anochecer y el fin de los bombardeos y lanzan un contraataque que obliga a las fuerzas del cuartel de los Caballitos a replegarse hacia su interior. Los rebeldes llegan a 100 metros del cuartel e instalan las ametralladoras. En ese momento arriba un par de compañeros que acaban de infiltrar desde Miami un cargamento de armas.[181] El grupo de Nieves y Dreke, que opera contra el cuartel del regimiento 31, sostiene su posición.

En el frente de Santo Domingo, al occidente de Santa Clara, las tropas de Bordón se han enfrentado a un convoy del ejército que viene con refuerzos para la ciudad sitiada. A pesar de las tremendas presiones que han sufrido en los últimos días, las fuerzas dirigidas por Armando Choy e Israel Chávez logran detenerlos. Desde su comandancia en el Central Washington, Bordón mantiene el dominio de la carretera, aunque no ha podido derrotar a los guardias que defienden el puente sobre el río Sagua ni a la nueva guarnición de Santo Domingo encabezada por el comandante Hernández.[182]

En las cercanías de Jatibonico, el pelotón de Pantoja y "San Luis" trata de impedir, con una emboscada, el arribo de refuerzos a la guarnición. "San Luis" cuenta:

"Atacamos las posiciones enemigas y pusimos una emboscada en la carretera central para impedir que el refuerzo llegara. Como no teníamos bazukas y el único fusil ametralladora que teníamos se encasquilló, el refuerzo pudo entrar a pesar de que lo combatimos durante cuatro horas con las demás armas de que disponíamos.

"En esa ocasión quedamos casi rodeados pero pudimos salir del cerco uniéndonos nuevamente al pelotón del Capitán Armando Acosta (. . .) Esto ocurría el 28 de diciembre a las 12 del día, por la noche volvimos a tomar las mismas posiciones. . ."[183]

Ese mismo día se inicia el ataque de los rebeldes contra Trinidad. Faure Chomón y Otto Peterson dirigen una columna de 78 hombres para enfrentar a los 329 soldados de la guarnición que se han fortificado en el cuartel, la planta eléctrica, la cárcel y el resguardo fiscal. En el combate contra la zona fiscal cae muerto el capitán del DR Felipe Valdéz Muñoz, y en el asalto a la planta eléctrica muere el teniente Manolo Solano. La población se lanza a las calles apoyando a los rebeldes. Cae el resguardo fiscal donde había 10 guardias y la planta eléctrica. El comandante Díaz de Paula abandona la ciudad con sus soldados. Se mantiene tan sólo la cárcel. Las tropas del Directorio son apoyadas por milicianos del 26, del PSP e incluso del II Frente y por las tropas del capitán Castillo que días antes habían intervenido en la toma de Sancti Spiritus.[184]

Anochece. El balance para los rebeldes es positivo a pesar de las bajas. Han logrado impedir que se aproximen por oriente y occidente refuerzos a Santa Clara, han tomado prácticamente Trinidad. Con grandes dificultades comienzan a presionar hacia los barrios del centro de la capital provincial; el ejército, a pesar de su enorme superioridad, no ha sido capaz de pasar al contraataque, ni siquiera ha movilizado las enormes reservas con las que cuenta en el cuartel Leoncio Vidal. En el interior de la ciudad la población comienza a levantar barricadas para impedir el accionar de los tanques.

En la mañana, cuando instalaba una ametralladora en una casa cercana a la Universidad, el capitán Acevedo respondió al propietario, el profesor Luis García, cuando le pedía que en caso de repliegue le permitiera retirarse con los rebeldes: —Aquí no habrá para atrás, doctor.[185]

Parece que sus palabras están en camino de cumplirse.

XI

"LAS CUALIDADES DE LA NOCTURNIDAD"

En la noche del 28 de diciembre, el Che reorganizó sus fuerzas y trató de sacar las lecciones claves de los acontecimientos del día: Había que rehuir el enfrentamiento en territorio abierto con los tanques, se debería utilizar la pasividad táctica del ejército para aislar sus fuerzas y combatirlo por separado, tendría que escapar al castigo de la aviación.

Al caer la noche el Che le envió un mensaje a Rolando Cubela donde hacía un sintético balance: "Nosotros no pudimos avanzar casi. Tuvimos cuatro muertos y varios heridos. Esta noche probaremos suerte. Dame tu posición exacta para poder actuar con más conocimiento. Che".[186]

A las dos de la madrugada, desde Sancti Spiritus se difundió un mensaje del Che, probablemente grabado de una transmisión desde la radio de la columna 8 instalada en la Universidad, y que fue retransmitido por Radio Tiempo, Unión Radio y Radio Nacional donde señalaba: "La situación militar del régimen se está socavando día a día, pues sus soldados no quieren pelear".[187] Al mismo tiempo ordenaba a la población civil de Santa Clara "que se colocaran todos los autos y vehículos que había en la ciudad atravesados en las calles con el fin de impedir el avance de los tanques".[188]

Un combatiente del Directorio, Sacerio, recuerda:

"Desde el propio 28 de diciembre comenzaron a lanzar trastos y obstáculos a las calles. Me impresionó mucho la manera en que se dispuso de los autos resguardados en los parques públicos para atravesarlos en medio de la calle. Ello desestabilizó la estrategia del uso de tanquetas, los tanques y otros blindados."[189] La operación se realizó fundamentalmente en torno al cuartel Leoncio Vidal.

Pero no sólo había que bloquear los blindados del enemigo.

El capitán Acevedo recuerda: El Che "a veces hacía cosas u ordenaba hacer algo cuyo sentido inmediato no comprendíamos y que era producto de su gran intuición de combatiente. Así fue como por ejemplo, cuando mandó arrancar la línea del ferrocarril con un buldozer. . .".[190]

En la noche del 28, el Che había recorrido la vía férrea tratando de encontrar el punto vulnerable del tren blindado, y elegido un lugar donde levantar los rieles. Al amanecer, los rebeldes utilizando el carterpillar amarillo D 6 del Departamento de Agronomía de la Universidad de Santa Clara, levantaron un tramo de la vía férrea a unos cuatro kilómetros de donde se encontraba el tren blindado, con lo cual se impedía que pudiera retroceder hacia las instalaciones del cuartel Leoncio Vidal.[191]

Siguiendo su táctica habitual, el Che aisla el tren y la posición de la Loma del Capiro donde se han desplegado parte de los soldados del tren, y luego ordena que prosiga la infiltración hacia Santa Clara. El pelotón suicida es enviado a atacar la estación de policía, el pelotón de Acevedo es enviado a combatir en la zona de la Audiencia y la cárcel, el pequeño pelotón de Alberto Fernández es enviado hacia el Gran Hotel, al pelotón del capitán Zayas

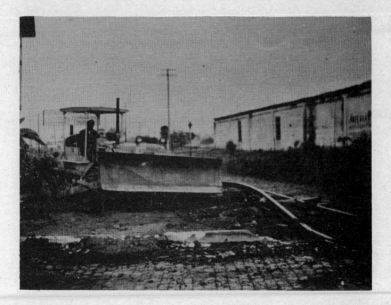

El carterpillar amarillo levantando la vía.

se le ordena combatir a las fuerzas que se encuentran en la Loma del Capiro y se ordena al capitán Álvarez reforzar a los combatientes del Directorio que se enfrentan con las fuerzas del Escuadrón 31 y el cuartel de Caballitos. Al pelotón de la reserva que comanda el teniente Ribalta se le ordena entrar al Barrio del Condado, atacar el edificio Raúl Sánchez, el edificio Martí y ejercer una contención sobre las fuerzas del Leoncio Vidal.[192]

Las fuerzas del Che entran en Santa Clara. Si el pelotón de Ribalta sabe a dónde va, porque su jefe ha nacido en el Barrio del Condado, no ocurre lo mismo con las fuerzas de Acevedo, que avanzan en la acera contraria; o las tropas del pelotón suicida que se encuentran absolutamente perdidas en Santa Clara. El propio Che, que no conoce de Cuba más que la Sierra Maestra y la Sierra de El Escambray y el trayecto entre ambas que cubrió cuando la invasión, ha tenido que usar la dirección del clandestinaje para guiarse en la ciudad en sombras. Así, un ejército de desarrapados barbudos, transitando como fantasmas, cruza en las horas nocturnas la ciudad, ''escurriéndose por las paredes de las calles San Miguel, Nazareno, Caridad y otras, cortando las intersecciones de la carretera central y dominando el puente de la Cruz. . . Santa Clara queda partida en dos''.[193]

El único combate nocturno de importancia lo protagoniza el pelotón de El Vaquerito al llegar a la Planta Móvil donde había un destacamento del ejército que se rindió rápidamente aunque causó algunos heridos a los rebeldes. De ahí el pelotón se trasladó hacia la estación ferroviaria.[194]

Al amanecer del día 29 la infiltración había dado resultado, los rebeldes estaban dispersos por todo Santa Clara.

Años más tarde, el Che diría: ''El combatiente guerrillero es un combatiente nocturno, y al decir esto se dice también, que tiene todas las cualidades de la nocturnidad''.[195]

XII

"LA LÍNEA DE FUEGO
ES ALGO MÁS O MENOS TEÓRICO"

El 29 va a ser el día clave de los combates en Santa Clara. Repuesto de la sorpresa inicial, el ejército batistiano puede movilizar sus tropas, desplegarlas y en contraataque enfrentar a los guerrilleros a los que supera abrumadoramente en número y en poder de fuego. Eso, o el frente invisible del Che, la inexistente línea de fuego que el Che ha creado con la infiltración, irá afianzando posiciones, aislando los reductos, inmovilizando a los soldados, incorporando a la población en su apoyo.

El Che, en un brillante párrafo escrito años más tarde, diría: "No existen líneas de fuego determinadas. La línea de fuego es algo más o menos teórico".[196] Esta frase se aplicaba hoy 29 de diciembre al frente en Santa Clara. Ningún cartógrafo podría trazar la línea divisoria que separaba a soldados y rebeldes, la línea no existía. Compenetrados, mezclados en el paisaje urbano, los rebeldes habían roto el cordón defensivo del coronel Casillas y se le habían metido dentro de la casa.

De madrugada las tropas del Directorio que atacaban el cuartel de Los Caballitos inician una nueva aproximación. Rolando Cubela cae herido por una ráfaga de ametralladora. El impacto le rompe el brazo derecho y lo lanza contra el portal de una casa. "Me di cuenta de que lo tenía totalmente roto". Gustavo Machín Hoed se hace cargo de la dirección del ataque. El cuartel comienza a arder. Cubela es trasladado a Placetas, el capitán Abrahantes se queda a cargo de la columna.[197]

Mientras tanto la ciudad vuelve a estar a merced de las bombas. Dos B 26 bombardean y ametrallan:

"Los vecinos de las zonas beligerantes abandonaban las casas despavoridos. Ancianos, mujeres y niños deambulaban por la ciudad con sus pequeños líos de ropa bajo el brazo, en busca de un refugio más seguro para sus vidas. El hambre, el sufrimiento y el

91

Un rebelde combatiendo ante el cuartel de Los Caballitos en uno de los tanques detenidos.

terror estaban retratados en sus rostros. La metralla de los aviones se cernía sobre los techos y grupos de civiles resultaban heridos y muertos. Muchos cadáveres tenían que recibir sepultura en los patios de las casas, sin ataud siquiera. Un niño de 12 años recibió la metralla en el medio del pecho y los padres no pudieron acercarse(. . .) Un tanque del ejército que recorría la ciudad ametrallando sin misericordia a la vecindad abrió el fuego contra el periódico *El Villareño* destrozando su maquinaria a pesar de que el local no estaba ocupado por los rebeldes".[198]

El pelotón de Rogelio Acevedo ataca la cárcel y la audiencia. El de Ribalta entra al barrio del Condado en medio del júbilo popular. La gente sale a la calle, le lleva café y comida a los rebeldes. Comienza la fabricación de molotovs, se produce la organización de las milicias del barrio donde Ribalta es bien conocido. Se inicia la presión sobre la periferia del Leoncio Vidal. Hay un par de penetraciones de tanque que son rechazadas a tiros. Los militares no insisten. El Che aproxima la comandancia a la zona de combate, de la Universidad a las Oficinas y Talleres de Obras Públicas a menos de un kilómetro, sobre la carretera central, el punto donde han cortado las vías del tren.[199]

A pesar de los primeros éxitos el combate no es fácil. El Che cuenta: "Nuestros hombres se batían contra tropas apoyadas por unidades blindadas y las ponían en fuga, pero muchos de ellos pagaron con la vida su arrojo y los muertos y heridos empezaron a llenar los improvisados cementerios y hospitales".[200]

El pelotón del Vaquerito se ha posesionado de la estación del ferrocarril. Allí el teniente Hugo del Río recibe una llamada telefónica:

"Sonó el teléfono y lo tomé: era un jefe militar preguntando cómo estaba la situación en la zona. Le respondí que el ejército rebelde se encontraba por las calles de la ciudad. Entonces me dijo que no me preocupara, que pronto la policía establecería el orden. Yo le contesté que eso era difícil porque el ejército rebelde dominaba la situación. Me preguntó que quién hablaba. Le contesté que el primer teniente Hugo del Río. Me preguntó que si de la guardia o de la policía. Le respondí que de ninguno de los dos, sino del ejército rebelde. Se incomodó de mala manera y me dijo que tenía que tener valor e ir a buscarlo al cuartel de la Esperanza. Se lo informé al Che y me dijo que fuera".[201]

Hacia la una, El Che, conversa con dos de sus capitanes, "Guile" y El Vaquerito en una casa propiedad del doctor Pablo Díaz. Ha estado dirigiendo las operaciones sobre la marcha, apareciendo sorpresivamente en uno y otro punto de la ciudad donde se desarrollan los combates. Tiene una visión de conjunto única que le proporciona el contacto entre todas las zonas de conflicto y la dirección permanente de las acciones, este hombre que no conoce Santa Clara, hoy la conoce mejor que los militares encerrados en sus puntos defensivos.

Un poco después se inician las operaciones sobre la comandancia de policía y el ataque a la Loma del Capiro que protagonizarán los pelotones de "Guile" y Alfonso Zayas.[202]

Divididos en tres grupos los rebeldes ascienden la Loma usando granadas para desalojar a los soldados. Les disparan con morteros. Ahí queda herido por la metralla Lázaro Linares, "el capitán descalzo". Los rebeldes se protejen del fuego del tren utilizando la misma Loma y logran desalojar a los soldados en un combate frontal y a cuerpo descubierto. Las tropas descienden por el lado

El tren blindado después del descarrilamiento.

opuesto de la Loma para refugiarse en el tren.[203]

Hacia las tres de la tarde el tren comienza a replegarse para no quedar bajo el fuego de los rebeldes que ahora aprovechan la ventajosa posición de la Loma. Las dos máquinas lo impulsan velozmente marcha atrás. Recorre unos cuatro kilómetros sin saber que las vías han sido levantadas (unos 20 metros) en la zona de La Línea.

Núñez Jiménez cuenta:

"Al llegar a este lugar, el tren blindado, estruendosamente se sale de los raíles y se vuelcan varios vagones con la potente locomotora, que choca estrepitosamente contra un garaje, que queda destruido junto con numerosos automóviles que había dentro, los cuales quedan convertidos en aplastada chatarra. El ruido fue tan espantoso que todos los que estábamos cerca creíamos que se había acabado el mundo. Al violento golpe del impacto principal siguió un chillido, cortado por los golpes de los vagones que chocaban unos contra otros."[204]

El espectáculo es impresionante. Algunos vagones destrozados,

94

otros volteados, otros fuera de los raíles "un mar de hierro confundido".

Leonardo Tamayo narra:

"Al momento de descarrilarse el tren sólo se oía la gritería de los soldados de que no tiren más, me rindo, por su madre, en fin, todo eso normal en un combate contra un ejército desmoralizado como era el batistiano."[205]

El teniente Roberto Espinosa, con una parte del pelotón de "Guile" (quien en esos momentos acompaña al Che en el centro de la ciudad) avanza sobre los vagones en el crucero de la calle Independencia y la carretera de Camajuaní.

"Les caímos encima sin darles tiempo a que se recuperaran y tomamos prisioneros a 41 (. . .) Los guardias no se atrevían a abandonar el tren, así es que no sabían cuántos éramos en verdad. Nosotros no dejábamos de tirarles, y el que se asomaba quedaba. Además ellos estaban medio atontados por el choque y el descarrilamiento."[206]

Los dieciocho rebeldes mantuvieron así controlados a los 350 soldados que quedaban en el tren. En el techo de una casa a unos 35-40 metros los rebeldes instalan una ametralladora calibre 30 que dispara perforando la parte sin blindar del techo de los vagones. Comienzan a volar sobre el tren los primeros cocteles molotov.[207]

Espinosa ha conquistado 3 de los 22 vagones del tren y mantiene sobre los demás la presión y el fuego. Pero la simulación de que dirige un grupo importante de rebeldes se descubrirá pronto.

El Che y el capitán Pardo son avisados.

"Nosotros estábamos en el centro de la ciudad y nos había salido una tanqueta a la que estábamos haciendo frente (vino un mensajero corriendo a avisarnos que se estaba combatiendo con la gente del tren). En seguida estuvimos en el cruce. El Che ordenó mantener fuerte el ataque contra los guardias y se subió a un vagón descarrillado donde había un cañón de 20 milímetros."[208]

El Che cuenta:

"Se estableció entonces una lucha muy interesante en donde los hombres eran sacados con cocteles molotov del tren blindado, magníficamente protegidos aunque dispuestos sólo a luchar a distancia, desde cómodas posiciones y contra un enemigo prácticamente inerme, al estilo de los colonizadores con los indios del oeste norteamericano. Acosados por hombres que, desde puntos cercanos y vagones inmediatos, lanzaban botellas de gasolina encendida, el tren se convertía gracias a las placas de blindaje, en un verdadero horno para los soldados.''[209]

Mientras se estaba combatiendo, un mensajero informa que la dictadura está recibiendo refuerzos por el camino de Camajuaní. El Che deja a Pardo al mando de las fuerzas de asalto y va hacia allá para organizar la defensa.

Continúa el tiroteo y el lanzamiento de molotovs. Una hora después Pardo propone una tregua. Después de hablar con un sargento que lo amenaza con una *Thrompson* y que se niega a rendirse y con el jefe médico del tren, logra entrevistarse con el comandante Gómez Calderón que acepta hablar con el Che, pero en el tren. Pardo envía un mensajero a localizar al comandante de la columna. Poco después reaparece el Che, la noticia de la ofensiva del ejército por Camajuaní ha sido falsa.[210] Leovaldo Carranza de la Cruz Roja lo acompaña:

''Che se quitó el arma; pero el comandante del tren vino con la suya. Cuando se lo advirtieron me la entregó. *Yo quiero hablar donde no nos oiga la tropa,* pidió el batistiano. Che aceptó ir a un vagón. A mi no me dejaban pasar, pero el Che intercedió. (El comandante Gómez) le dijo al Che: *Comandante, le doy mi palabra de honor que si nos deja regresar a La Habana no tiramos un tiro más.* Che sonrió. *Yo creo en su palabra de honor,* le dijo, *pero no quiero que esas balas maten más cubanos, ni aquí ni allá.''*[211]

El Che les da un cuarto de hora y lo hace responsable del derramamiento de sangre. No aguantaron los 15 minutos. Los soldados comenzaron a descender sin las armas, tan sólo como era habitual, a los oficiales se les permitió conservar sus armas cortas. Los rebeldes comienzan a reunir a toda velocidad el botín que acaban de obtener. Se teme que los aviones bombardeen, mientras aún haya luz, si se dan cuenta de que ha cesado el tiroteo. Son cerca de las siete de la tarde. Los rebeldes contemplan lo obtenido: 6 bazukas, 5 morteros de 60 mm, 14 ametralladoras calibre 30, un cañón de 20 milímetros, 38 ametralladoras ligeras *browning*, granadas, 600 fusiles automáticos, una ametralladora calibre 50, cerca de un millón de balas. . .[212] Es un armamento superior al de todas las fuerzas rebeldes que operan en Santa Clara.

Las armas se llevan a diferentes puntos de la ciudad. Una bazuka viajará velozmente, por órdenes del Che, a Yaguajay, para

Camilo. Poco después comienza a bombardear la aviación las ruinas del tren.[213]

De acuerdo a lo pactado, el Che ordena a tres de sus hombres, el doctor Rodríguez de la Vega, Núñez Jiménez y Serafín Ruiz de Zárate que se lleven los prisioneros desarmados (cerca de 400) a Caibarién donde serán entregados a la fragata ahí estacionada para que sean llevados a La Habana. Guevara tiene que librarse de los prisioneros. En plena batalla no puede disponer de hombres para que los custodien y además piensa que la desmoralización que causaría en La Habana la llegada de los derrotados soldados del tren, puede ser enorme. Sin embargo no deja de ser absurda la medida. Tres revolucionarios, tan sólo, transportan 400 prisioneros.

Núñez Jiménez cuenta:

"Parqueamos los camiones frente al puesto naval y por radio nos comunicamos con la fragata. Solicitamos que se lleven a bordo a los prisioneros. Contestan que tienen que consultar a Columbia (. . .) El mando enemigo consultó al capitán De la Rosa Bonilla jefe del escuadrón 35 de la GR de Sagua la Grande (. . .) y éste comunicó que *sería muy perjudicial al prestigio moral de la tropa de ese cuartel y repugnante ante el pueblo, el conocimiento de ese contingente* (. . .) Poco después la fragata se comunica con nosotros y nos dice que el alto mando batistiano no accede al traslado de los rendidos a La Habana por considerarlos unos cobardes y que deben correr su suerte. Rápidamente trasladamos a los prisioneros al Club Náutico de Caibarién, quedando al amparo de la milicia popular."[214]

En Santa Clara mientras tanto, los rebeldes siguen avanzando. El pelotón de Alberto Fernández progresa rumbo al parque Vidal librando fuertes escaramuzas en el camino; el del Vaquerito guiado por un adolescente se aproxima a la estación de policía. Las fuerzas del Directorio llegan al cuartel del Escuadron 31. La escuadra de Hugo del Río, después de tener un dramático enfrentamiento con un blindado y una tanqueta con la que se dan de bruces y cambian disparos, se une al Vaquerito.[215]

A pesar de tener la ciudad a oscuras porque la electricidad se encuentra cortada desde el día anterior, una buena parte de los vecinos sigue en las horas de la noche las incidencias de la batalla y se entera de la captura del tren blindado escuchando la CMQ, que ha sido puesta en operaciones por un grupo de miembros del mo-

Uno de los pocos momentos de descanso durante la batalla de Santa Clara, el Che dormita en los restos del tren blindado.

vimiento clandestino del 26 de Julio siguiendo órdenes del Che. La CMQ funciona con una planta auxiliar, que puede ser escuchada con radios de pilas.[216]

Por el eter viaja el mensaje: "Atención, esta columna 8 Ciro Redondo del ejército rebelde del movimiento 26 de Julio, dentro de unos momentos transmitirá su programa al pueblo de Cuba y especialmente al de Las Villas, sobre el avance de la revolución cubana. Continúa el avace de las fuerzas rebeldes de la columna 8 que asedian Santa Clara. Más de 300 soldados y oficiales pertenecientes al cuerpo de ingenieros del ejército acaban de rendirse. . ."[217]

XIII

"VIVO Y EN LA LÍNEA DE FUEGO"

El 30 de diciembre, Radio Rebelde desmintió la noticia, difundida por las agencias de noticias internacionales, de que el Che estaba muerto:

"Para tranquilidad de los familiares en Suramérica y de la población cubana, aseguramos que Ernesto Che Guevara no solamente se encuentra vivo y en la línea de fuego, sino que además de haber ocupado el tren blindado a que nos referimos hace unos instantes, dentro de muy poco tiempo tomará la ciudad de Santa Clara, ya asediada desde hace días."[218]

El armamento del tren había servido para movilizar al resto de la reserva de los campamentos de Caballete de Casa, el Pedrero, Gavilanes y Manacas hacia la zona de combate. En el Barrio del Condado se armó a unos 20 o 30 milicianos del grupo recién organizado por Ribalta y se enviaron armas y municiones a los hombres del Directorio que combatían en la zona sur de Santa Clara.[219]

Con estas nuevas fuerzas y aprovechando el impulso obtenido desde el día anterior, los diferentes pelotones de los rebeldes, apoyados plenamente por la población, logran nuevas victorias.

Hacia las 12 de la mañana las fuerzas que mantienen el cerco sobre el cuartel del Escuadrón 31, y que se han visto beneficiadas con una ametralladora del botín del tren, resisten un contraataque del ejército. Víctor Dreke cuenta:

"Salió una tanqueta y empezó a disparar contra los distintos lugares, mientras los soldados avanzaban disparando. Todos los compañeros que estábamos ahí abrimos fuego contra los soldados y la tanqueta y ésta disparó su cañón contra la casa en la que nos encontrábamos con la ametralladora, llegando poco después la aviación y destruyendo la casa. Logramos salir de ahí con la ametralladora y los proyectiles y nos instalamos en otra posición."[220]

La aviación había iniciado su machacar contra las posiciones rebeldes con menor éxito que el día anterior, pero en el caso del Escuadrón 31 donde el frente se había fijado, continuaba haciendo daño a los hombres del Directorio. En otros casos, su bombardeo afectaba mayormente a la población civil; las bombas caían sobre el barrio Coca Cola, el hospital de Maternidad y otras zonas urbanas. Las fuerzas batistianas efectuaron, el día 30, 13 operaciones sobre la ciudad.[221]

Poco después del bombardeo, cayó en manos de los rebeldes el cuartel de Caballitos. Algunos soldados intentaron una salida desesperada tratando de llegar al Escuadrón 31, pero quedaron atrapados entre los fuegos de los rebeldes y los de los soldados sitiados. Varios fueron muertos o heridos, los rebeldes tomaron prisioneros al resto.[222]

De todos los enfrentamientos del día, el más violento se da en torno a la estación de policía, donde se defienden cerca de 400 policías y soldados apoyados por tanquetas y dirigidos por el coronel Cornelio Rojas, quien tiene sobrados motivos para no rendirse a causa de sus recientes actividades como torturador y asesino de civiles. Contra la estación actúa el pelotón suicida de El Vaquerito. Los rebeldes estaban teniendo grandes dificultades para aproximarse. Leonardo Tamayo a cargo de una de las escuadras del pelotón señalaba: "Era uno de los combates más duros, por el mucho volumen de fuego".[223]

Las escuadras de Tamayo, Hugo del Río, Emerido Meriño y Alberto Castellanos del pelotón suicida y una parte del pelotón de la comandancia del Che que los está apoyando no cuentan con más de 70 hombres, y no tienen en las calles angostas facilidad de movimientos. Como si esto fuera poco, la estación de policía, situada frente al parque del Carmen, se encuentra a tan sólo 500 metros del cuartel Leoncio Vidal y puede producirse en cualquier momento un contraataque.[224]

Roberto Rodríguez uno de los miembros del pelotón suicida cuenta:

"('El Vaquerito') nos enseñó la táctica de cruzar las calles bajo el fuego enemigo: en el cruce poníamos dos hombres, uno agachado y el otro disparando en pie mientras que otros dos cruzaban corriendo. Estos dos, al llegar al otro lado, hacían lo mismo".[225]

Sin embargo la respuesta de los policías impedía el movimiento. El propio Rodríguez cae herido en una pierna y el teniente Hugo del Río es herido a sedal en el muslo. Emerido Meriño que al mando de su escuadra se ha venido aproximando a la estación, combatiendo casa a casa y sacando a tiros de cada una a los guardias, recibe la orden del "Vaquerito" de buscar una mejor posición para atacar. Meriño cuenta:

"Tenía que atravesar un parque que hay frente a la estación de policía (. . .) unas mujeres que estaban allí me dijeron que no pasara porque todo el parque estaba lleno de policías. Cuando estaba mirando, Rubén que estaba detrás de mi se dio cuenta de que me estaban apuntando desde arriba de la propia estación. Sin perder tiempo, me dio un tirón hacia atrás y el sombrero cayó al piso. Al momento me dispararon desde donde me estaban apuntando e hicieron del sombrero un colador".[226]

El "Vaquerito" diseña un nuevo plan de ataque. La escuadra de Meriño comienza a romper las paredes de las casas avanzando hacia la iglesia que está enfrente de la estación de policía. Los vecinos colaboran con ellos. Una serie de avenidas, invisibles desde el exterior, van cruzando por dentro las manzanas de ese barrio.[227]

También se avanza por las azoteas. "El Vaquerito" se arriesga demasiado. Sus compañeros se lo reclaman. "El Vaquerito" contesta como acostumbra: "la bala que lo va a matar a uno nunca se oye".[228] Toma posiciones en una azotea de la calle Garófalo a unos cincuenta metros de la estación de policía con Orlando Beltrán (el Mexicano) y Leonardo Tamayo, que repuesto de sus heridas en el hospital de Caibaguán se ha reincorporado.

Orlando cuenta:

"No hicimos más que parapetarnos cuando vimos un grupo de seis guardias corriendo por el medio del parque. Nosotros los atacamos, pero dos tanques que había cerca, en la calle, nos empezaron a disparar con las treinta."[229]

Tamayo cuenta:

"Le grité: ¡Vaquerito tírate al suelo, que te van a matar! No lo hizo. Al poco rato le grité desde mi posición: Oye, ¿qué te pasa que no tiras? No contestó nada. Miré y lo vi lleno de sangre. Inmediatamente lo recogimos y lo llevamos hasta donde estaba el médico. El tiro era mortal. Un tiro en la cabeza con un fusil Ml.

El Che avanza mientras tanto hacia las posiciones desde las que se ataca la comandancia de policía recorriendo el túnel que se ha creado derribando los muros en el interior de las casas. Ahí se encuentra con los hombres que transportan el cadáver de "El Vaquerito". Las crónicas recogen la frase desolada del comandante ante el más agresivo de sus capitanes, el más pintoresco, el más temerario: "Me han matado cien hombre". Tras ordenar que el cuerpo sea llevado al hospital, el Che llega hasta la estación y supervisa las operaciones.[230]

El mando del pelotón se comparten con órdenes del Che entre Tamayo y Hugo del Río. Algunos soldados combaten mientras lloran. Aumenta la presión sobre la estación.[231]

El Che cuenta:

"Se había logrado tomar la central eléctrica y toda la parte noroeste de la ciudad, dando al aire el anuncio de que Santa Clara estaba casi en poder de la revolución. En aquel anuncio que di como Comandante en jefe de las fuerzas armadas de Las Villas, recuerdo que tenía el dolor de comunicar al pueblo de Cuba la muerte del Capitán Roberto Rodríguez, el Vaquerito, pequeño de estatu-

El lugar donde cayó muerto "El Vaquerito" ante la estación de policía.

ra y de edad, jefe del pelotón suicida, quien jugó con la muerte una y mil veces en lucha por la libertad" [232]

Poco después Orestes Colina se encuentra con el Che que trae a un teniente del ejército prisionero y en un ataque de ira le dice: "Lo que tenemos que hacer es matar a este". Y el Che con suavidad le dijo: "¿Tú crees que somos iguales que ellos?".[233]

El pelotón de Zayas combate en el gobierno provincial; se combate contra los francotiradores del Gran Hotel, se lucha en la cárcel, en la Audiencia. Se rinden los soldados que combatían desde la Iglesia del Carmen.[234]

Cae la noche.

El Che envía esa noche uno de los bazukas capturados en el tren a Camilo en Yuguajay, el portador es Alberto Castellanos. Con él va la promesa de enviarle un mortero al día siguiente manejado por el teniente Pérez Valencia.[235]

En los otros frentes de combate en Las Villas la situación ha sido también favorable para los rebeldes. En Santo Domingo, a pesar de los bombardeos del ejército la columna de Bordón que ha recibido parque y armas enviadas por el Che y apoyo de guerrillas de Sagua y Manacas libera por segunda vez la ciudad y toma el puente sobre el río Sagua.[236]

En Jatibonico, en el oriente, el pelotón de "San Luis" y Olo Pantoja se ha enfrentado con una fuerte resistencia de columnas enemigas con blindados desde el día anterior y ha tenido un gran día al emboscarlos. Las fuerzas rebeldes se han unificado reuniéndose ese pelotón con el de Armando Acosta.

En Trinidad también los rebeldes han obtenido un triunfo. A pesar de los tremendos bombardeos de la aviación las fuerzas del Directorio dirigidas por Faure han conquistado el último reducto de los batistianos, la cárcel. Cuando el pueblo entra descubren huellas de tortura en los calabozos y se está a punto de un linchamiento masivo de los batistianos prisioneros, lo que obliga a Faure a intervenir para evitarlo.[237]

Los rebeldes han eliminado la presión sobre sus frentes de contención hacia La Habana y Camagüey. En el interior de Santa Clara, han logrado ir derrotando las posiciones enemigas aislándolas entre sí. Queda la estación de policía que les ha costado hoy la caída de uno de sus mejores capitanes, Roberto Rodríguez, y el cuartel Leoncio Vidal, que con sus 1300 soldados sigue siendo superior

El segundo comandante de la columna Ramiro Valdés, el capitán Olo Pantoja y Nené.

en poder de fuego a todas las tropas que la revolución tiene en Santa Clara.

Desde el día 29, el mando de las tropas que combaten al oriente está a cargo del segundo comandante de la columna 8, Ramiro Valdés, quien participó en el inicio de la batalla de Santa Clara, y ahora se hace cargo de darle forma a la nueva subcolumna con los pelotones de Olo y de Acosta. Con esto el Che no sólo fortalece la contención y amplía sus posibilidades ofensivas, sino que crea una reserva estratégica en caso de que las cosas no vayan como piensa en Santa Clara. A pesar de que se está jugando todas las cartas en una sola acción, el Che siempre mantiene abierta la alternativa de que una fuerza importante quede a salvo de una posible derrota y pueda reconstruir el frente. Es muy posible que esta haya sido la motivación para no utilizar las fuerzas de Camilo en el ataque a Santa Clara, o el hecho de haber liberado parte de la columna del Directorio, la de Chomón, en este asalto final.

El día 30, Ramiro reune a los oficiales y prepara el ataque definitivo sobre Jatibonico para la noche del 31.[238]

XIV

FIN DE AÑO

El 31 de diciembre, un joven periodista se encuentra con el comandante Guevara en el edificio de Obras Públicas donde está situada la comandancia del Ejército Rebelde. Se encucha la explosión de las bombas que los B26 de Batista siguen arrojando sobre la ciudad.

"Alguien que estaba a mi lado me mostró al Che, señalándolo con la mano. Allí estaba, en efecto, delgado, el pelo hecho una maraña, el brazo en cabestrillo, el uniforme raído. Cualquiera lo hubiera tomado por el más humilde de los soldados si no fuera por su mirada penetrante con un inusual fulgor en medio del rostro fatigado. . ."[239]

El Che planea el último empujón sobre las fuerzas enemigas. Lo hace basándose en un certero análisis de la actitud de los militares batistianos: Su disposición a no luchar ofensivamente. Tiene encima la responsabilidad de mandar al combate por cuarto día consecutivo a unas fuerzas que apenas si han dormido, y que llevan sobre sus espaldas un par de semanas de continuos combates; que han sufrido bajas importantes entre sus mandos, y que luchan regularmente contra un enemigo superior en fuerza y apoyado por tanques.

El Che cuenta:

"Recuerdo un episodio que era demostrativo del espíritu de nuestra fuerza en esos días finales. Yo había amonestado a un soldado por estar durmiendo en pleno combate y me contestó que lo habían desarmado por habérsele escapado un tiro. Le respondí con mi sequedad habitual: Gánate otro fusil yendo desarmado a la primera línea. . . si eres capaz de hacerlo. En Santa Clara, alentando a los heridos en el Hospital de Sangre, un moribundo me tocó la mano y dijo: ¿Recueda comandante? Me mandó a buscar el arma en Remedios. . . y me la gané aquí. Era el combatiente del tiro escapado, quien minutos después moría, y me lució contento de haber mostrado su valor. Así es nuestro ejército rebelde".[240]

El Che ante uno de los tanques rendidos.

En Santa Clara se combate por toda la ciudad. Frente a la estación de policía las fuerzas del pelotón suicida apoyadas por refuerzos preparan el ataque final. Los miembros del pelotón quieren vengar la muerte del Vaquerito. Dentro de la estación, el coronel Rojas, quien ha asesinado a uno de sus hombres porque quería rendirse, el capitán Olivera, trata de mantener con amenazas la moral de los sitiados.[241]

La iglesia del Carmen ha sido tomada desde el día anterior por un grupo de rebeldes que e hicieron un pasadizo a través de los edificios, y desde ella se hostiga a la comandancia. El tripulante de uno de los tanques cuando quería salir fue alcanzado en la cabeza por un tiro de los rebeldes, quedando inmóvil su vehículo. En el interior de la estación los muertos comienzan a corromperse, no se le puede dar atención a los heridos, los policías tienen hambre y están desmoralizados,[242] se dispara continuamente sobre ellos.

Hacia las cuatro de la tarde el coronel Rojas pide una tregua para sacar los heridos. Tamayo les da dos horas, luego intima a la rendición. Negocian a mitad de la calle. Rojas quiere hablar con el Che. Se celebra la entrevista, no se llega a un acuerdo. Cuando se va a reiniciar el fuego el coronel le habla de nuevo a Tamayo:

"Cuando mis compañeros me vieron que entré en la estación de policía fueron unos cuantos detrás de mi. Les mandé otra vez que fueran a ocupar su posición y obedecieron.

"Una vez en el cuartel, le pregunté si acordaba la rendición porque ya estábamos perdiendo el tiempo. Les hablé a los policías, les dije que todavía estaban a tiempo de soltar los fusiles o seguir peleando, que se decidieran y que si no querían pelear, que todo el mundo saliera y formara afuera.

"Aquello fue prácticamente una orden del coronel. Todo el mundo soltó los fusiles y salieron a la calle. Había 396 policías adentro. Nosotros éramos poquitos, unos 130 hombres más o menos. . ."[243]

No sólo cae la estación de policía. El Gobierno provincial con su centenar de soldados, es atacado por las fuerzas de Alfonso Zayas y por la retaguardia por el pelotón de Alberto Fernández, que rompiendo paredes logra entrar al edificio. Allí el capitán "Pachungo" Fernández, con una granada en la mano sorprende a los soldados y los obliga a rendirse.[244] El pelotón del capitán Acevedo toma la Audiencia a pesar de los tanques que la protegen.[245]

Cinco aviones bombardean la ciudad, utilizan bombas de 500 libras que destruyen casas como si fueran de papel. Se encarnizan especialmente sobre el edificio de la Audiencia recién tomado, pero comienzan a actuar las ametralladoras antiaéreas ocupadas en el tren blindado y los aviones desaparecen del aire de Santa Clara.[246] Cae la cárcel en poder de los rebeldes, son liberados los presos políticos, los comunes se fugan por un boquete aprovechando el desconcierto.[247]

Sobre el Leoncio Vidal comienzan a presionar los pelotones de los rebeldes, que vienen del centro de la ciudad y las fuerzas de Ribalta desde el Barrio del Condado, que llegan a atrincherarse a unos 100 metros del regimiento.

Se combate ante el Gran Hotel donde hay una docena de francotiradores en el piso 10. Desde el parque y los edificios de enfrente se dispara contra ellos. Alberto Fernández dirige a un grupo que se encarga de incendiar el segundo piso con molotov, los soldados quedan atrapados en el Hotel, se les corta el agua, no tienen comi-

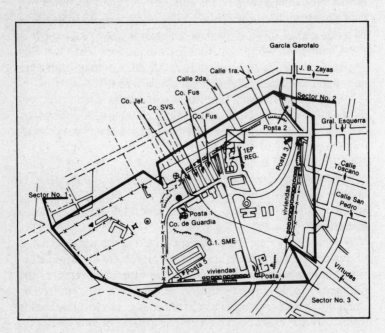

Esquema de defensa del Regimiento Leoncio Vidal.

da. Pero desde las alturas han herido a muchos civiles y milicianos que cruzaban el parque, y aún tienen municiones.[248]

Se combate en el Escuadrón 31. Los cañonazos de los tanques destruyen el edificio de la Canada Dry y varios chalets colindantes desde los que los rebeldes disparan contra el cuartel. Cada vez más cerca.[249]

A mitad de la tarde de ese 31 de diciembre la comandancia del Che recibe la información, a través de su estación de radio, de que Yaguajay se ha rendido a las tropas de Camilo. Quedan liberadas esas fuerzas para el asalto final al Leoncio Vidal.

El II Frente de El Escambray toma Topes de Collantes, una pequeña guarnición en la Sierra. Han esperado hasta hoy, 15 días después de haberse iniciado la campaña final en Las Villas para combatir, y cuando se han decidido a hacerlo, ha sido atacando una guarnición pequeña, aislada en las montañas y cuya rendición ya estaba comprometida.[250]

A las 10 de la noche, Casillas Lumpuy se comunica con Batista, le dice que la ciudad está al borde de caer en manos de los rebeldes y que necesita urgentemente refuerzos. No obtiene del dictador ni siquiera una mala promesa. Durante la noche, tras arengar a los soldados y oficiales y exigirles una heroica resistencia, se disfraza con un sombrero de palma y un traje de civil y argumentando que tiene que hacer una inspección en la provincia, se escapa del cuartel junto con su ayudante Fernández Suero.[251]

La ciudad de Santa Clara recibe al nuevo año en medio de disparos. Ya sólo quedan a los batistianos tres puntos: el Gran Hotel, el Escuadrón 31 y el Leoncio Vidal. El Che sabe que está a punto de iniciarse la ofensiva final sobre Santiago de Cuba[252] y le urge resolver estos tres focos de resistencia.

XV

EL PRIMERO Y ÚLTIMO DÍA

Todavía no amanece en Santa Clara. En el cuartel del Escuadrón 31 los soldados han dejado de disparar. Dreke con Nieves y Abrahantes se aproxima cautelosamente. Una bandera blanca asoma por una ventana. Rolando Cubela se ha reincorporado tras su estancia en el hospital. El Che acaba de hacerle llegar una pequeña nota: "Rolando, exige rendición incondicional. Yo te apoyaré con los esfuerzos necesarios. Saludos. Che". El Escuadron 31 se rinde. Entre los soldados que se entregan corre el rumor de que Batista ha huido. Los rebeldes se contemplan asombrados. ¿Todo ha terminado? El capitán Milián jefe de las tropas rendidas, con permiso de los dirigentes del Directorio, se comunica utilizando una microonda con el cuartel Leoncio Vidal, el oficial que le contesta lo insulta. El pueblo sale a la calle y contempla alborozado a los soldados derrotados formados ante la fachada del cuartel que muestra centenares de impactos de bala. Los prisioneros son conducidos a presencia del Che en la comandancia rebelde.[253]

El Gran Hotel también está a punto de caer. Los francotiradores, aislados en el piso 10, se han visto obligados a tomar café en un cenicero, han saqueado el bar del hotel. El capitán Zayas coloca un tanque ante la puerta del hotel y destroza las ventanas a tiros. Las tropas del teniente Fernández asaltan. Los soldados se rinden.[254] Sólo queda el Leoncio Vidal.

Allí el mando ha sido tomado por el coronel Cándido Hernández, substituyendo a los fugados Casillas y Suero Fernández.

El teniente Hugo del Río se pone al habla con el Leoncio Vidal desde un automóvil policiaco capturado en la jefatura. Le piden una tregua, les responde que eso sólo puede concederlo el Che, pero acepta buscar al comandante rebelde para informarle de la petición.

"Me dirigí hacia la comandancia. Al llegar, el Che se encontraba conversando con los compañeros Núñez Jiménez y Rodríguez de la Vega. Les expliqué lo que sucedía y lo llevé hasta la perseguido-

Los rebeldes ante uno de los tanques capturados frente al Escuadrón 31.

ra, poniéndolo en contacto, por medio de la microonda, con el regimiento. . .''[255]

El Che envía a Núñez Jiménez y Rodríguez de la Vega a entrevistarse con el coronel Hernández.[256] Éste solicita una tregua indefinida a lo que los emisarios responden que no hay otra negociación, que la rendición incondicional. El coronel Hernández, argumentando que ya había perdido la vida en combate de su hermano y su hijo y que él había servido sobradamente a la patria, transmite el mando y la decisión al comandante Fernández y a sus oficiales superiores. Fernández es el que ahora insiste en hablar con el Che.

Cuando van a iniciarse las negociaciones, una transmisión de Columbia, el campamento militar donde reside el Estado Mayor en La Habana llega al Leoncio Vidal. Se trata del general Eulogio Cantillo quien acaba de asumir el mando del ejército tras la huida de Batista. Informa de la constitución de una junta con el magistrado Piedra a la cabeza. Hernández pide a los emisarios que hablen con Cantillo, quien les ofrece una tregua. Núñez y Rodríguez le repiten que sólo puede haber rendición incondicional. Cantillo trata de engañarlos diciendo que ha nombrado el gobierno provisional por ordenes de Fidel Castro y que en esta situación no puede rendir la plaza. Termina insultando a los dos emisarios.

El comandante Hernández insiste en hablar con el Che. Núñez y Rodríguez lo acompañan.

A las 11:30 Radio Rebelde, desde Palma Soriano, pone sus micrófonos ante Fidel Castro quien lee un sucinto comunicado en el que llama a la huelga general, desconoce a la junta militar, ordena el avance sobre Santiago y La Habana, exige la rendición de las guarniciones, y levanta la consigna: ¡Revolución sí, golpe militar no! Da hasta las seis de la tarde para que se rinda Santiago de Cuba y ordena la movilización de todas las columnas rebeldes hacia las capitales provinciales y ciudades más importantes. El Che y Camilo deben marchar de inmediato hacia La Habana para asumir el mando de la fortaleza de la Cabaña el primero y del campamento de Columbia el segundo.[257]

Los combatientes se fotografían en uno de los tanques en el interior del cuartel Leoncio Vidal.

El Che arenga a los rebeldes al final de la Batalla de Santa Clara.

El Che que ha escuchado la transmisión y se ha comunicado con Fidel, es muy tajante en su reunión con el comandante Hernández:

''—Mire, comandante, mis hombres ya hablaron de esta cuestión con la comandancia. La cuestión es o rendición incondicional o fuego, pero fuego de verdad. Sin ninguna tregua; ya la ciudad está en nuestras manos. . . A las 12:30 doy la orden de reanudar el ataque con todas nuestras fuerzas; tomaremos el cuartel al precio que sea necesario. Ustedes serán responsables por la sangre derramada. Además, ustedes deben saber que hay posibilidades de que el gobierno de Estados Unidos intervenga militarmente en Cuba y si es así el crimen será mayor porque apoyarán a un invasor extranjero. Para esa oportunidad sólo queda darles una pistola para que se suiciden, pues conociendo esto, serían reos de la traición a Cuba''.

El comandante Hernández regresa a conferenciar con sus oficiales, en las postas se están produciendo deserciones y confraternización entre los soldados y los rebeldes. Los militares dudan. Faltando minutos para la hora señalada y con los rebeldes con el cartucho en el directo, aceptan una rendición negociada en la que se les permita abandonar el cuartel desarmados y ser enviados a La Habana vía Caibarién. Se les notifica que los que hayan cometido hechos de sangre contra la población quedan excluidos del arreglo.

Mientras se produce la negociación en las afueras del cuartel, faltando 10 minutos para la hora de la reanudación del fuego, espontáneamente, los soldados comienzan a arrojar las armas al suelo y avanzan desarmados hacia las filas rebeldes.

El cuartel Leoncio Vidal ha caído. Ha terminado la batalla de Santa Clara.

Las fuerzas rebeldes toman el aeródromo, donde no se han producido combates.

Casillas Lumpuy es detenido por fuerzas de la columna de Víctor Bordón en la finca Bermejal. El Che ordena llevarlo a Santa Clara. Cuando va a ser conducido se abalanza sobre sus custodios tratando de desarmarlos. Los guardias se sorprenden, pero uno de ellos reacciona y dispara matándolo.[258]

El Che en Santa Clara ordena que se establezca un estricto control sobre las armas que hay en el cuartel, así como la distribución de una parte de ellas.[259] Ordena a Bordón que se prepare para marchar hacia La Habana como avanzada, mantiene una entrevista con Faure que acaba de llegar de Trinidad y al que le informa de una conversación radial con Fidel en la que se le ordena partir con las fuerzas del 26 de Julio hacia la capital tomando las guarniciones de Matanzas en el camino. En las afueras de Jatibonico, Rairo Valdés suspende el ataque y organiza a sus pelotones para que se concentren en Santa Clara y marchen con la columna 8. "San Luis" es nombrado capitán.[260]

El Che transmite a sus oficiales la orden de movilización. Informa que se ha enterado de que algunos combatientes han tomado autos abandonados por las calles por los batistianos que escaparon. Ordena que las llaves se entreguen. "No se iba a echar a perder en un momento lo que el ejército rebelde ha tenido por norma. Se irían a la Habana como siempre, en camiones, en guaguas o caminando, pero todos en lo mismo. . ."[261]

La población está en la calle. La fiesta popular inunda Santa Clara, gritos y llanto, los rebeldes son botín de la multitud. Se baila y se canta en la Santa Clara liberada.

Armas capturadas en el regimiento Leoncio Vidal.

El capitán Ramón Pardo, de origen campesino, rebelde de 22 años, cuenta:

"A pesar de tener tanta confianza en la victoria, nos sorprendió; la gente en la calle nos abrazaban, nos besaban, nos invitaban a sus casas."[262]

Las fotos registran a los pobladores de Santa Clara contemplando sorprendidos los vagones destruidos, las masas de hierro torcido de la debacle del tren blindado. Los rebeldes victoriosos ante el tanque inmóvil. Los jóvenes barbudos frente al cuartel tiroteado y ahora en silencio. Los grupos de soldados batistianos desarmados reunidos en torno a un joven rebelde que los alecciona. El Che dando instrucciones al lado de un tanque inmóvil, sosteniendo el brazo izquierdo lesionado con la mano derecha, la cara demacrada, el pelo tieso surgiendo bajo la boina en la que están prendidas dos espadas cruzadas de metal, los ojos vidriosos de agotamiento que junto con los labios, de los que cuelga un pedazo de tabaco, dejan flotar una sonrisa.

La batalla de Santa Clara había terminado. Horas más tarde la columna 8 haría su entrada en la fortaleza de la Cabaña en La Habana siguiendo las órdenes de Fidel. Lo que había pasado en esos últimos 17 días en Las Villas pasaba a formar parte de la historia y la leyenda. Pero, ¿cómo se cuentan las leyendas?

Ciudad de México, abril de 1988

APÉNDICE

—*Sobre el destino de algunos de los protagonistas.*

Ocho de los combatientes revolucionarios que intervinieron en la Batalla de Santa Clara, habrían de acompañar al Che casi 10 años más tarde en la guerrilla boliviana, y seis de ellos morirían en combate al igual que su jefe: El capitán Manuel Hernández Osorio, conocido en Bolivia como ''Miguel''; el capitán Orlando Pantoja conocido como ''Antonio''; el capitán de las fuerzas del Directorio Revolucionario Gustavo Machín Hoed, conocido en la guerrilla como ''Alejandro''; el capitán Eliseo Reyes, ''San Luis'', conocido en Bolivia como ''Rolando''; el capitán Alberto Fernández Montes de Oca, quien llevó a la experiencia boliviana su seudónimo de ''Pachungo'' y el combatiente Carlos Coello, ''Tuma'' en Bolivia.

Otros dos compañeros de la experiencia de Las Villas y la guerrilla boliviana sobrevivieron: Harry Villegas (''Pombo'') y Leonardo Tamayo (''Urbano'').

El segundo jefe de la columna 8, Ramiro Valdéz, fue ministro del Interior del gobierno cubano y a la fecha ocupa altos cargos en la administración socialista, al igual que el comandante de las fuerzas del Directorio, Faure Chomón.

El capitán del Directorio Víctor Dreke, al igual que Coello y Villegas, acompañaron al Che en su experiencia africana. Ribalta, a cargo de la reserva durante la batalla de Santa Clara, tuvo una distinguida intervención en Tanzania y luego se reincorporó al ejército rebelde, Raúl Díaz Argüelles, capitán del Directorio que terminó la campaña en la toma de Trinidad murió en Angola en diciembre de 1975 dirigiendo fuerzas mixtas de cubanos y angoleños contra una ataque sudafricano. Víctor Bordón pasó a la administración pública al triunfo de la revolución.

Los capitanes Zayas, Fernández Mell, Pardo, Acevedo e Iglesias permanecieron en el ejército rebelde formado al fin de la revolución.

El capitán Abrahantes falleció en un accidente de aviación poco después del triunfo de la renovación.

La mayoría de los cuadros del II Frente de El Escambray como Díaz Menoyo, Nazario, Morgan, Carrera, Lesnik y Fleites, se pasaron a la contrarrevolución, y fueron fusilados, encarcelados o emigraron.

Rolando Cubela, el dirigente militar del Directorio, traicionó a la revolución fue detenido en 1966 involucrado en un complot con la CIA.

Sobre las fuentes y la colaboración obtenida.

Contra mi idea original, la investigación se basó esencialmente en el trabajo periodístico de mis colegas cubanos. Aunque no existía, en el momento de iniciar el trabajo, ningún libro sobre la Batalla de Santa Clara, los diarios y las revistas cubanas habían producido quizá, un millar de artículos sobre el tema. Esto me permitió abandonar la labor de entrevistador y recoger sus frutos filtrados por el trabajo de los reporteros. Casi todos los personajes esenciales de la historia narrada que permanecían con vida, habían sido entrevistados tres o cuatro veces por varios colegas o habían narrado sus recuerdos personales y los habían dado a la edición.

Restaban los testimonios de algunas figuras claves en la batalla, el segundo comandante de la columna 8, Ramiro Valdés, y la viuda del Che, Aleida March, quien tras haber sido dirigente de la clandestinidad en Santa Clara, combatió a su lado durante toda la batalla. No pude llegar a ellos en la etapa de la primera redacción del manuscrito, pero cuando me encontraba en la corrección de las galeras de esta primera versión, Aleida se ofrecio para realizar una lectura crítica del texto. Tengo que agradecerle la minuciosa revisión de mis cuartillas que realizó junto a la historiadora María del Carmen Ariet, y que produjo cerca de 35 cambios en la primera versión. Para esta revisión Aleida contrastó las informaciones que yo manejaba con el inédito Diario de Guerra del Che sobre la campaña de Las Villas. El uso de estas dos fundamentales fuentes de primera mano, la memoria de Aleida y el inédito Diario del Che, son una aportación esencial al texto y me encuentro permanentemente endeudado con Aleida March por ellos. Lamento no haber podido utilizar la información sobre la participación en los combates de la propia Aleida, quien a causa de una sorprendente modestia, de la que como historiador y periodista me veo obligado a disentir, no me permitió usar esos datos. Siempre que insistí sobre este tema me tropecé con una férrea actitud sintetizada en frases como: "hubo otros mucho más importantes que yo", "yo era como un combatiente más" o "mi intervención no tiene ninguna importancia". Disentiré, pero respeto profundamente esta actitud que la muestra como digna compañera del Che.

En la enorme tarea de rastreo hemerográfico iniciada en 1985, colaboraron conmigo decenas de compañeros cubanos, sin cuyo apoyo este libro nunca hubiera sido posible: el director de la revista *Moncada,* Ricardo Martínez, el subdirector de *Bohemia,* Hugo Ríus; Mario Garrido y Pedro Prada de la revista *Verde Olivo;* Félix Guerra, María del Carmen Mestas, Juan Carlos Fernández, Emilio Surí, Luis Adrián Betancourt (quien me prestó materiales originales de su archivo), y el periodista de Santa Clara Aldo Isidrón del Valle, el mejor conocedor de la historia que aquí se narró y quien compartió conmigo sus trabajos previos. Ellos y el personal de la Biblioteca Nacional de La Habana y del Instituto Cubano-Mexicano José Martí me facilitaron extraordinariamente la labor de localización de originales. Vaya pues mi agradecimiento y espero que el tiempo que perdieron conmigo lo compense la lectura del libro.

Dos bibliografías fueron esenciales en este proceso, la realizada por las hermanas García Carranza sobre la obra del Che y la elaborada por Clara Salgado, Juana Vázquez, Clara de la Torre y Reina Morales en Santa Clara.

El par de docenas de libros y el millar de artículos revisados se han reducido en las siguientes notas bibliográficas a tan sólo centenar y medio de textos. He eliminado las republicaciones de un mismo texto, muy frecuentes en la prensa cubana, los artículos que reescriben informaciones originales sin nuevas aportaciones y toda la hemerografía general, referencia a etapas previas y bibliografía contextual, reduciendo esta gruía de fuentes al material directo sobre la batalla de Santa Clara usado en el trabajo.

El material gráfico fue proporcionado por los archivos de las revistas *Bohemia* y *Verde Olivo.*

FUENTES INFORMATIVAS

Abreu, Carlos y Carlota Guillot: *Sancti Spiritus, apuntes para una cronología.* Editora Política, La Habana, 1986.

Abreu, Ramiro J.: *En el último año de aquella república.* Editora de Ciencias Sociales, La Habana, 1984.

Agüero, Luis, Antonio Benítez, Reynaldo González y otros: *Che comandante,* Diógenes, México DF 1969.

Alles, Agustín: "Criminal bombardeo en Santa Clara". *Bohemia* 11 enero 1959.

Anómino: "Cuba, diciembre 1958", en *Días de Combate,* Instituto del libro, La Habana, 1970.

Barrera, Orlando: *Sancti Spíritu, sinópsis histórica.* Editorial Oriente, Santiago de Cuba, 1986.

Barreras Ferrán, Ramón: "15 diciembre 1958", *Vanguardia,* 15 diciembre 1978.

Barreras Ferrán, Ramón: "19 de diciembre 1958", *Vanguardia,* 19 diciembre 1978.

Benítez, Augusto E.: "El cerco de Santa Clara", *Bohemia* 9 diciembre 1983.

Betancourt, Luis Adrián: "Un hombre hecho en los fuegos", *Moncada,* octubre 1987.

Bohemia: "La campaña en Las Villas", *Bohemia,* 7 octubre 1968.

Bohemia: "Che, arquitecto de una victoria", *Bohemia,* 20 octubre 1967.

Bohemia: "Campaña del Che", *Bohemia,* 19 enero 1968.

Bohemia: "XXII aniversario del asalto al cuartel Moncada. Santa Clara, ciudad 26", *Bohemia,* 25 julio 1975.

Bohemia: "Habla el comandante Guevara", *Bohemia,* 11 enero 1959.

Bohemia: "Prisión y muerte de Joaquín Casillas", *Bohemia,* 11 enero 1959.

Bohemia: "Así murió el criminal. Último minuto de Casillas Lumpuy", *Bohemia,* 18-25 enero 1959.

Boudet, Rosa Ileana: *El Vaquerito,* Gente Nueva, La Habana, 1983.

Buznego, Castillo, Álvarez, Reyes y otros: *Diciembre del 58,* Editorial Ciencias Sociales, La Habana, 1977.

Buznego, Enrique y Luis Rosado: "Estrategia del Che en Las Villas", *Granma* 2 enero 1983.

Cabrera Álvarez, Guillermo: *Camilo Cienfuegos el hombre de las mil anécdotas*, Editora Política, La Habana, 1984.

Castillo Ramos, Rubén: "Junto al Che en la Sierra" (entrevista a Arístides Guerra), *Bohemia,* 21 noviembre 1969.

Casañas, José: "Che una de sus proezas militares", *Verde Olivo,* 7 octubre 1973.

Casañas, José: "Che, su campaña en Las Villas", *Verde Olivo,* 3 diciembre 1981.

Chang, Arturo: "Aquel hermoso amanecer de la liberación", *Trabajadores,* 21 diciembre 1983.

Chomón, Faure: "El Che en El Escambray", *Bohemia.* dic. 1965.

Chomón, Faure: "Cuando el Che llegó al Escambray", *Verde Olivo,* 1 diciembre 1965.

Chomón, Faure, entrevista realizada por Luis Adrián Betancourt, 19 julio 1987, *original mecanográfico.*

____"Santa Clara, la batalla final", *Combatiente,* 15 diciembre 1969.

Contreras, Orlando: "El tren blindado" (entrevista a Ramón Pardo y Roberto Espinoza), *Verde Olivo,* 5 enero 1964.

Cubela, Rolando: "La batalla de Santa Clara", *Bohemia,* 26 julio de 1963.

De la Hoz, Pedro: "Cada santaclareño fue un combatiente", *Verde Olivo,* 6 abril 1981.

Desnoes, Edmundo: "El tren blindado", *Cuba,* agosto 1965.

Díaz Castro, Tania: "Del Moncada al triunfo", *Bohemia,* 26 julio 1968.

Dirección Política Central de las FAR: "Preparación política de sargentos, soldados y marineros: folleto, *spi,* diciembre 1987.

Dopico Asensio, Adrián: "Treinta aniversario de la liberación de Trinidad", *manuscrito.*

Dreke, Víctor: "Víctor Dreke habla sobre el combate en el escuadrón 31" *Vanguardia,* 27 diciembre 1978.

Dreke, Víctor: "La toma del escuadrón 31", *Bohemia,* 28 diciembre 1973.

Feria, Manuel de: "Santo Domingo, antes y 20 años después", *Vanguardia,* 29 diciembre 1978.

Fernández, Juan Carlos: "Osvaldo Sánchez", *Moncada,* diciembre 1975.

Fernández, Tony: "La batalla de Santa Clara", *Granma,* 28 diciembre 1974.

Fernandez Mell Oscar: "La Sierra, la invasión, Las Villas", *Granma*, 29 noviembre 1967.

Fernández Mell, Oscar: "La campaña del Che en Las Villas", *Granma,* 21 diciembre 1967.

Fernández Mell, Oscar: "La batalla de Santa Clara", *El Oficial,* noviembre 1967.

Franqui, Carlos: *"Diario de la revolución cubana"*, ediciones R. Torres, Barcelona 1976.

Fuentes, José Lorenzo: "Las Villas bajo las balas". *Bohemia,* 26 julio 1968.

Fuentes, José Lorenzo: "Tres momentos con el Che". *Gaceta de Cuba,* septiembre-octubre 1967.

Fuentes, José Lorenzo: "La batalla de Santa Clara". 30 diciembre 1958" *Bohemia,* 30 diciembre 1966.

Gálvez, William: *Camilo, señor de la vanguardia*. Editorial de Ciencias Sociales, La Habana, 1979.

Gambini, Hugo: *El Che Guevara*. Paidós, Buenos Aires, 1973.

García, Nelson y Osvaldo Rodríguez: "El capitán descalzo habla de su amigo el Vaquerito", *Juventud Rebelde,* 28 diciembre 1983.

García, Walterio: "El ejemplo de Camilo y el Che" (entrevista a Rogelio Acevedo), *Juventud Rebelde,* 16 noviembre 1965.

González, Gloria, María Carolia Villazón y María de los Angeles Fernández: *Santa Clara, tres asaltos en el camino hacia la victoria*. Editora Política, La Habana, 1985.

"Mapa del itinerario de la invasión", *Granma*, 16 octubre 1967.

"Batalla de Santa Clara", *Granma*, 27 diciembre 1967.

Guevara, Ernesto Che: "Discurso del Che en Santa Clara", *Revolución,* 29 diciembre 1959.

Guevara, Ernesto Che: "Los últimos días. . . Dos documentos", *Granma,* 21 diciembre 1968.

Guevara, Ernesto Che: "Un pecado de la revolución" en el Tomo IV de *Escritos y discurso,* Editorial de Ciencias Sociales, La Habana 1977.

Guevara, Ernesto Che: "Una revolución que comienza", en *Pasajes de la guerra revolucionaria*. ERA, México DF, 1970.

Guevara, Ernesto Che: *La guerra de guerrillas,* Ernesto Che Guevara, Escritos y discursos, tomo 1, Editorial de Ciencias Sociales, La Habana, 1977.

Guillot, Carlota: "Sancti Spiritus: una ciudad tomada por su propia población". *Vanguardia,* 23 diciembre 1978.

Guillot, Carlota: "Fomento, 100 fusiles para la fuerza de la libertad'', *Vanguardia,* 19 diciembre 1978.

Iborra Sánchez, Oscar: "Episodios de la revolución. El puente que dividió la isla en dos". *Carteles,* junio 1959.

Iborra Sánchez, Oscar: "Primer aniversario. Fomento, el primer municipio libre de Cuba". *Carteles,* 27 diciembre 1959.

Iborra Sánchez, Oscar: "Yo soy el hombre más odiado por Pedraza", *Carteles,* 27 septiembre 1959.

Iglesias, Joel: "Che el combatiente". *Oclae,* 9-15 octubre 1972.

Iglesias, Joel: "En la guerra revolucionaria junto al Che", *Verde Olivo,* 13 octubre 1968.

Isidrón del Valle, Aldo: "La batalla de Santa Clara", *Granma* 29 diciembre 1965.

Isidrón del Valle, Aldo: "Diciembre de fuego. Santa Clara 1958. Semblanza de una batalla", *manuscrito.*

Isidrón del Valle, Aldo: "Vaquerito, jugó con la muerte una y mil veces por la libertad". *Granma,* 30 diciembre 1970.

Isidrón del Valle, Aldo: "Santa Clara", *Granma,* 30 diciembre 1977.

Isidrón del Valle, Aldo: "Che: ejemplo de una moral revolucionaria, audacia y modestia", *Granma* (sin fecha, recorte proporcionado por el autor).

Isidrón del Valle, Aldo: "Anuncia Guevara el inminente colapso de la tiranía", *Vanguardia* 23 diciembre 1967.

Isidrón del Valle, Aldo: "Che, avance incontenible", *Vanguardia* 23 diciembre 1967.

Isidrón del Valle, Aldo: "Che y Camilo rechazan la ofensiva", *Vanguardia,* 22 diciembre 1967.

Isidrón del Valle, Aldo: "Che y el segundo frente del Escambray", *Vanguardia,* 19 diciembre 1967.

Isidrón del Valle, Aldo: "Esos instantes que un revolucionario jamás olvida", *Granma* 3 enero 1977.

J.S.: "Aquel diciembre de victorias", *Bohemia,* 28 diciembre 1973.

Juventud Rebelde: "Corrió la noticia. Che está herido", *Juventud Rebelde,* 27 diciembre 1973.

Kuchilán, Mario: "En zafarrancho. Santa Clara: La batalla final". *Bohemia,* 12 octubre 1968.

La Rosa, Lesmes: "La campaña de Las Villas". *Verde Olivo,* 6 enero 1974.

Lavretski, I.: *Ernesto Che Guervara.* Editorial Progreso, Moscú, 1975.

Lesnik Menéndez, Max: "10 de noviembre: Escambray heroico", *Bohemia*, 22 noviembre 1959.

Martí, Julio A: "Saber al Che frente a nosotros" (entrevista Reynaldo Pérez Valencia), *Moncada,* octubre 1982.

Martín, Eduardo y Benito Cuadrado: "Placetas, un pueblo que forjó su liberación". *Vanguardia* 23 diciembre 1978.

Martínez, Ricardo: *7 RR. La historia de Radio Rebelde.* Editorial Ciencias Sociales, La Habana, 1978.

Miranda, Caridad: "La debacle del tren blindado". *Moncada,* diciembre 1983.

"Principales combates en que participó el Che Guevara en la Sierra Maestra y en Las Villas". *Moncada,* octubre 1967.

Morales, Larry: *El jefe del pelotón suicida.* UNEAC, La Habana, 1979.

Navarro, Osvaldo: *El caballo de Mayaguara.* Editora Política, La Habana, 1987.

Núñez Jiménez, Antonio: "El tren blindado". *Bohemia*, 8 octubre 1971.

Núñez Jiménez, Antonio: "El Che y un instante de la rendición de Santa Clara", *Casa de las Américas* enero-febrero 1968.

Núñez Jiménez, Antonio: "Santa Clara, la batalla final". *Combatiente,* 1 enero 1968.

Núñez Jiménez, Antonio: "La batalla de Santa Clara" en *La Sierra y el Llano,* Casa de las Américas, La Habana, 1969.

Núñez Machín, Ana: *De los héroes a los niños.* Gente Nueva, La Habana, 1985.

Ortega, Josefina "La batalla de Santa Clara", *Juventud Rebelde,* 29 diciembre 1983.

Otero, Elena: "Diciembre de fuego". *Granma* 30 diciembre 1966.

Otero, Lisandro (coord. equipo *Revista Cuba*): *Las Villas.* Ediciones Venceremos, La Habana, 1965.

Palmero, Otto y Luz María Martínez: "Donde la libertad llegó de golpe". *Vanguardia* 24 diciembre 1978.

Pardo Guerra, Ramón: "El tren blindado", en *Días de combate,* Instituto cubano del libro, La Habana 1970.

Pérez Galdós, Víctor: *Un hombre que actúa como piensa,* Editora Política, La Habana, 1987.

Pérez, Roberto, camarero del hotel Santa Clara, *entrevista* con el autor, 5 febrero 1988.

Pino Puebla, Alfredo: "La batalla de Santa Clara, *Bohemia*, 27 diciembre 1959.

Pita Rodríguez, Francisco: "Cayó junto al Che en Quebrada del Yuro". *Bohemia*, 6 marzo 1981.

Ponciano, Roberto: "Caballete de Casa: el primer campamento

del Che en Las Villas''. *Juventud Rebelde*, 12 julio 1968.

Quintana, Victoria y Freddy Torres: "Luchar junto al Che" (entrevista con Leonardo Tamayo). *Moncada,* octubre 1969.

Quintana Cepero, Mirella: "Pachungo en la guerrilla del Che". *Verde Olivo,* 30 septiembre 1982.

Ramírez, Anibal F.: "Santa Clara, una batalla decisiva", *Verde Olivo,* diciembre 1978.

Rey Yero, Luis: "Trinidad a 20 años de revolución trinfante". *Vanguardia* 29 diciembre 1978.

Reyes Trejo, Alfredo: "Recuerdos del Che" (entrevista a Vicente de la O), *Oclae,* octubre 1970.

Reyes Trejo, Alfredo: "Mis vivencias con el Che" (entrevista a Joel Iglesias). *Verde Olivo,* 13 octubre 1974.

Reyes Trejo, Alfredo: "Primer capitán Manuel Hernández Osorio", *Verde Olivo*, 25 septiembre 1977.

Reyes Trejo, Alfredo (como ART): "Capitán Alberto Fernández Montes de Oca", *Verde Olivo*, 9 octubre 1977.

Reyes Trejo, Alfredo (como ART): "Capitán Orlando Pantoja Tamayo", *Verde Olivo*, 9 octubre 1977.

Reyes Trejo, Alfredo: "Gustavo Machín Hoed", *Verde Olivo,* 28 de agosto 1977.

Ribalta, Pablo, capitán del ejército rebelde, *entrevista* con el autor 18 de febrero 1988.

Rivas, Jesús y Miguel Naón: "El vaquerito". *Granma*, 30 diciembre 1967.

Rodríguez, Javier: "Las mujeres que se alzaron en El Escambray", *Bohemia,* 9 agosto 1968.

Rodríguez, José Alejandro: "Santa Clara, la batalla que descarriló para siempre al ejército batistiano", *Trabajadores,* 31 diciembre 1983.

Rodríguez, José Alejandro: "La bala que lo va a matar a uno nunca se oye" (entrevista Paulino Gutiérrez). *Trabajadores* 29 diciembre 1983.

Rodríguez Cordoví, Angel: "Rodeada la ciudad fue tomada palmo a palmo" *El Mundo,* 6 enero 1959.

Rodríguez Cruz, René: "Se inicia la lucha en El Escambray". *Bohemia*, 25 diciembre 1964.

Rodríguez Herrera, Mariano: *Abriendo senderos.* Gente Nueva, La Habana, 1977.

Rodríguez Herrera, Mariano: *Con la adarga al brazo.* Comisión Nacional de Historia UJC, La Habana, 1973.

Rodríguez Loeches, Enrique: *Bajando el Escambray.* Editorial Letras Cubanas, La Habana, 1982.

Rodríguez Zaldivar, Rodolfo: "Desde la Sierra Maestra hasta Las Villas", *Bohemia,* 11 enero 1959.

Rosado Eiro, Luis: "Batalla victoriosa: Santa Clara". *Verde Olivo,* 29 diciembre 1983.

Rosado Eiro, Luis: "Estrategia del Che en Las Villas". *Granma,* 18 octubre 1981.

Rosendi, Estreberto: "Cabaiguán: tradición revolucionaria y desarrollo", *Vanguardia,* 22 diciembre 1978.

Sarabia, Nydia: "La mujer villareña en la lucha patria". *Bohemia,* 26 julio 1968.

Sarmiento, Raúl: "Un episodio en la batalla de Santa Clara: el combate del escuadrón 31", *Vanguardia,* 28 diciembre 1980.

Silva, José R., Alfonso Zayas y Rogelio Acevedo: "Che un gran jefe", *Juventud Rebelde,* 20 octubre 1967.

Soto Acosta, Jesús: *Che, una vida y un ejemplo.* Comisión de Estudios Históricos de la UJC, La Habana, 1968.

Sotonavarro, Arístides: "Antes de la gran batalla", *Moncada,* septiembre 1975.

Surí Quesada, Emilio: *El mejor hombre de la guerrilla.* Letras Cubanas, La Habana, 1980.

Tamayo, Leonardo: "Luchar junto al Che", *Moncada,* diciembre 1970.

Torriente, Loló de la: "Después de la gran batalla de Santa Clara", *Carteles,* 9 noviembre 1959.

Valdés, Katia: "Che Guevara, facetas de un jefe militar" (entrevista con Leonardo Tamayo), *Verde Olivo,* 12 octubre 1980.

Valdés, Teresa: "Recuerdos de una combatiente" (entrevista con Zobeida Rodríguez). *Moncada,* octubre 1969.

Valdés, Teresa: "Consecuente con sus principios". *Moncada,* octubre 1987.

Valdés, Ramiro: "Discurso", *Bohemia,* 20 octubre 1978.

Valdés Figueroa, Juan: "Sus primeras medallas de combate". *Verde Olivo,* 22 marzo 1981.

Vega Díaz, José y René Ruano: "Caibarién. Presencia en la historia", *Vanguardia,* 26 diciembre 1978.

Velázquez, José Sergio: "La batalla de Santa Clara". *El Mundo Dominical,* 20 septiembre 1962.

"Combatientes de la patria", *Verde Olivo,* 24 diciembre 1972; 20 mayo 1973; 2 julio y 22 noviembre 1974.

"Concurso de la vida del Vaquerito", *Verde Olivo,* 12 junio 1960.

"Composición de la columna No. 8, Ciro Redondo". *Verde Oli-*

vo, 25 agosto 1963.

Villegas, Harry: "Recuerdos del Che". *Verde Olivo,* 10 octubre 1971.

Xiques, Delfín: "El vaquerito, simpatía, valor, inteligencia". (entrevista Roberto Rodríguez). *Granma*, 30 diciembre 1976.

Zayas, Alfonso: "Cumpliendo la misión del comandante en jefe". *Verde Olivo*, 25 agosto 1963.

Zayas, Luis Alfonso: "Para poder conocerlo de verdad se necesitan unos cuantos años". *Juventud Rebelde,* 8 octubre 1971.

NOTAS

La ofensiva batistiana del verano, con sus 30 combates y 6 batallas, había enfrentado a 14 mil soldados de la dictadura contra 300 hombres del ejército rebelde que, concentrados en la Sierra Maestra, habían realizado una serie de movimientos de atracción, desgaste, emboscada y cerco en los que fueron rompiendo la fuerza de penetración de las unidades del ejército, aislándolas entre sí y destruyéndolas.

El balance dejó en poder de los rebeldes 400 prisioneros, 500 armas. La guerrilla incorporó, tras la derrota del ejército, 800 nuevos hombres y logró la consolidación de un amplio territorio liberado.

El II Frente soportó, durante el mes de mayo, una ofensiva similar, y obtuvo victorias notables.

Un balance de Fidel Castro, en Radio Rebelde en Ricardo Martínez: *7 RR. La historia de Radio Rebelde,* Editorial de Ciencias Sociales, La Habana, 1978, p. 440 y ss. Un resumen bastante preciso, en Ramiro J. Abreu: *En el último año de aquella república,* Editorial de Ciencias Sociales, La Habana, 1984, pp. 201-209. Una de las piezas clave de la historia en José Quevedo: *La batalla del Jigüe,* Arte y Literatura, La Habana, 1976.

[2] La expansión guerrillera incluía "cinco nuevas columnas que invadieron la provincia de Oriente y el este y norte de la provincia de Camagüey, la 12, 13, 14, 31 y 32". Informe de Fidel Castro en Radio Rebelde, en Carlos Franqui: *Diario de la revolución cubana,* Ediciones R. Torres, Barcelona, 1976, p. 617.

[3] Una tercera columna, la 11 dirigida por el capitán Jaime Vega, fue destruida por la dictadura en Camagüey. Fidel Castro, en *Franqui/Diario.* . . pp. 598-599.

[4] Sobre la huelga de abril: Enrique Rodríguez Loeches: "La huelga de abril", en *La Sierra y El Llano,* Casa de las Américas, La Habana, 1969, pp. 173-176; Ernesto Che Guevara: "Una reunión decisiva", en *Pasajes de la guerra revolucionaria,* Era, México, 1972, pp. 208-210; *Abreu/En el último.* . . pp. 182-190; Faustino

Pérez: "Huelga de abril. Errores y sus causas", en *Franqui/Diario. . .* pp. 417-419.

[5] "La invasión" ha sido reseñada por los dos comandantes de las columnas guerrilleras. El Che, en "A Fidel Castro (Sobre la invasión)", en *Pasajes de la Guerra Revolucionaria,* Editorial Era, México, 1972, pp. 215-223; Camilo Cienfuegos, en "Diario de campaña de Camilo Cienfuegos", en *La Sierra y el Llano,* Casa de las Américas, La Habana, 1969, pp. 259-275.

Ambas columnas han tenido un cronista minucioso. La invasión de la "Ciro Redondo", en Joel Iglesias: *De la Sierra Maestra al Escambray,* Editorial Letras Cubanas, La Habana, 1979, y la "Antonio Maceo", en William Gálvez: *Camilo, señor de la vanguardia,* Editorial de Ciencias Sociales, La Habana, 1979. Existe un buen resumen de la "invasión" de la columna del Che en Aldo Isidrón del Valle: "La victoriosa marcha hacia El Escambray, brillante proeza militar y revolucionaria", *Granma,* 17 septiembre 1978; y además: Carlota Guillot: "A 20 años de una proeza: la columna 8 en victorioso avance invade el territorio villareño", *Vanguardia,* 15 octubre 1978; Vicente de la O: "De la Sierra a la invasión de Las Villas", *Granma,* 1 diciembre 1967 y Luis Pavón: "Cumpliendo la misión del comandante en jefe" (entrevista a Alfonso Zayas), *Verde Olivo* s/f, fotocopia proporcionada por el dpto. de documentación de la revista).

[6] Una lista muy exacta de los "invasores" del Che, en "Composición de la columna 8, Ciro Redondo", *Verde Olivo,* 25 de agosto 1963.

[7] Ernesto Che Guevara: "Una revolución que comienza", en *Pasajes* p. 241.

[8] Juan Maestre Alfonso: *El Che y Latinoamérica,* Akal, Madrid 1979, p. 359; Faure Chomón: "Cuando el Che llegó al Escambray", *Verde Olivo,* 1 diciembre 1965.

[9] Ernesto Che Guevara: "Sobre la invasión", *Pasajes/*p. 221.

[10] En febrero de 1958 el Directorio combinó los esfuerzos de su organización clandestina con los cuadros del exilio y protagonizó un desembarco en Nuevitas, de donde salieron las armas y los hombres para crear el frente de El Escambray además de fortalecer las

acciones en La Habana. El II Frente fue creciendo durante los siguientes meses. Ver, Enrique Rodríguez Loeches: *Bajando del Escambray,* Letras Cubanas, La Habana, 1982; Faure Chomón: "Historia del II Frente Nacional del Escambray", *Combate,* 1 febrero 1961 y Enrique Sanz Fals:"La expedición de Nuevitas", *Granma* 10 febrero 1988.

[11] El Directorio, organizado en el año 55, y con una importante base social en el movimiento estudiantil antibatistiano, había dirigido el ataque a Palacio del 13 de marzo de 1957, en cuyos combates y posteriores represalias había perdido buena parte de sus cuadros. Reorganizado en el exilio se había mantenido como una fuerza esencialmente urbana protagonizando cientos de pequeños enfrentamientos y atentados en las ciudades, fiel a la teoría insurreccional de "golpear arriba", y en esa medida el II Frente no había adquirido una dinámica propia profunda, ni se había convertido en el eje de su actividad insurreccional, sino más bien en una base liberada de la que frecuentemente se sustraían cuadros para la acción urbana; aunque la tendencia, a partir del establecimiento definitivo en la montaña del secretario general del DR Faure Chomón, se había venido invirtiendo bajo el ejemplo de la experiencia del 26 de julio en la Sierra Maestra y la propia dinámica de los acontecimientos.

[12] El testimonio más completo sobre el desarrollo de la fuerza de Bordón recogido en entrevista con éste en *Gálvez/Camilo. . .* pp. 359-368.

[13] Joel Iglesias/*De la Sierra. . .* pp. 441 y 443. El Che comentó así la nota: ". . .una carta insólita. Era firmada por el comandante Carrera y en ella se prevenía a la columna del Ejército Revolucionario por mí comandada, que no podía subir al Escambray sin aclarar bien a qué iba y que; antes de subir debía detenerme para explicárselo (. . .) Seguimos adelante, extrañados, lastimados pero decididos a solucionar cualquier problema. . ." Ernesto Che Guevara: "Un pecado de la revolución", *Escritos y Discursos,* Tomo 11, Editorial de Ciencias Sociales, La Habana 1977, pp. 281-282.

[14] Ernesto Che Guevara: "Una revolución que comienza", *Pasajes/*p. 242.

En palabras del Che: "Nuestra tarea al llegar por primera vez a la Sierra de El Escambray, estaba precisamente definida: había que hostilizar al aparato militar de la dictadura, sobre todo en cuanto a sus comunicaciones. Y como objetivo inmediato, impedir la realización de las elecciones. Pero el trabajo se dificultaba por el escaso tiempo restante y por las desuniones entre los factores revolucionarios, que se habían traducido en reyertas intestinas que muy caro costaron, inclusive vidas humanas''.

[15] Se trataba del grupo de Pompilio Viciedo y Sindo Naranjo. Iglesias/*De la sierra*. . . pp. 241-242.

[16] Narración de Bordón en *Gálvez/Camilo*. . . pp. 367-368; entrevista a Bordón por Aldo Isidrón del Valle, en "Che ejemplo de moral revolucionaria, audacia y modestia", *Granma* (sin fecha, recorte proporcionado por el autor). Las cifras de los combatientes que se sumaron a la columna 8 surge del propio inédito *Diario de Guerra del Che* cuya información me fue ofrecida por Aleida March.

[17] *Chomón/Cuando el Che*. . . ofrece una narración muy minuciosa del encuentro. Las precisiones a esta entrevista surgen del citado *Diario de Guerra del Che*.

[18] Trescientos ante cien según testimonio de Pablo Ribalta entrevistado por el autor. El gran número de alzados que combatían bajo la organización del II Frente ofrecía no sólo a su temprana implantación en la zona, cuando lo hizo bajo la bandera del Directorio, sino a que había captado a multitud de combatientes del 26 de Julio que se les habían sumado. La presencia de la Columna 8 haría que buena parte de estas fuerzas desertaran en los siguientes días sumándose a la columna del Che.

Las acusaciones del Directorio contra los del II Frente eran variadas: despotismo, asesinato de campesinos, robos, violencia irracional contra supuestos chivatos sin comprobación, abusos contra las mujeres, politiquería, agresiones a las otras organizaciones guerrilleras. . . Las acusaciones se hacían contra los dirigentes William Morgan, Gutiérrez Menoyo, Armando Fleites, Carrera, Max Lesnik, Andrés Nazario. *Entrevista con Faure Chomón* realizada por Luis Adrián Betancourt, 19 julio 1987, original mecanográfico. Una descripción de las actividades de los miembros del II Frente proporcionada en entrevistas con campesinos, en Julio Crespo Francisco: *Bandidismo en El Escambray,* Editorial Ciencias Sociales, La Habana, 1986, pp. 6-10.

[19] Ambos documentos como apéndices, en Rodríguez Loeches/Bajando. . . p. 225.

[20] En "Sobre la invasión", *Che/Pasajes,* pp. 215 y ss.

[21] En Luis Rosado Eiro: "Primer combate del Che en Las Villas. Güinía de Miranda", *Verde Olivo,* 29 octubre 1987.

[22] El Che reseña el encuentro así: "conocimos al comandante Peña, famoso en la región por sus correrías detrás de las vacas de los campesinos, que nos prohibió enfáticamente atacar Güinía de Miranda porque el pueblo pertenecía a su zona; al argumentarle que la zona era de todos, que había que luchar y que nosotros teníamos más y mejores armas y más experiencias, nos dijo simplemente que nuestra bazuka era balanceada por 200 escopetas y que doscientas escopetas hacían el mismo agujero que una bazuka. Terminante. Güinía estaba destinada a ser tomada por el II Frente y no podíamos atacar. Naturalmente no le hicimos caso". *Che Guevara/Un pecado.* . . Tomo II, pp. 282-283.

José Casañas, "Che: una de sus proezas militares", *Verde Olivo,* 7 octubre 1973, da la siguiente descripción del final del encuentro basado en otros testimonios:

"—Esto está liberado ya— reafirmó el sujeto a la vez que preguntó con suficiencia—. ¿Por qué no atacan Santa Clara?

—Eso vendrá en su momento. ¿Y ustedes?— dijo en contrapregunta el Che ¿por qué no atacan el cuartelito de Güinía de Miranda que está metido aquí mismo en el territorio que llaman liberado? Mire, vamos a hacer una cosa: ataquen Günía de Miranda, y si no lo hacen en una semana, nosotros lo tomaremos— enfatizó el Che".

[23] El combate de Güinía en Joel Iglesias: "En la guerra revolucionaria junto al Che", *Verde Olivo,* 13 octubre 1968; *Rosado/Primer combate.* . .; Aldo Isidrón del Valle: "Güinía de Miranda, primera victoria de la columna 8 en el frente de Las Villas", *Granma* 26 octubre 1978; Oscar Fernández Mell: "La campaña del Che en Las Villas", *Granma,* 21 diciembre 1967; Mercedes Rodríguez y José Ramón Pichardo: "Che en El Escambray, Güinía de Miranda; un combate, una victoria y una nueva vida", *Vanguardia,* 26 octubre 1978.

[24] "Una revolución. . .", *Che/Pasajes.* . . pp. 242-243.

[25] La carta del Che, en *Escritos y Discursos,* Tomo II, p. 309; una reflexión posterior de Oltuski, en *Che comandante,* Editorial Diógenes, México, 1969, p. 87.

[26] A partir de este momento los contactos del Che con el II Frente se congelaron. No hubo ningún proyecto de acción conjunta ni nuevas conversaciones. Fidel criticó al Che por la blandura de sus primeras relaciones con el II Frente ("justa crítica del comandante Fidel" dice el Che). "Un pecado. . ." *Escritos. . .* T. 11, p. 283.

"(Gutiérrez Menoyo) pensó dentro de sus limitaciones de inteligencia y su moral, que el ejército iba a acabar con todos nosotros, con el Che, y entonces mandó a retirar a toda su gente a lo más alto de El Escambray a esperar el entierro de nosotros y hacerse dueño de la situación. Combatientes del II Frente con los que he hablado nos decían: para nosotros, era increíble, nos mandó a ir para Topes de Collantes y decíamos, pero coño, si el Che y el Directorio Revolucionario están abajo combatiendo en las ciudades ¿cómo vamos a estar acá arriba?. . . *Chomón/entrevista Betancourt.*

[27] Ernesto Che Guevara: "Proyecciones sociales del ejército rebelde", *Escritos y Discursos,* Tomo IV, p. 16. El Che establece la relación en estos términos: "la compenetración entre los dirigentes de la revolución y las masas campesinas había sido tan grande que muchas veces ésta incitaba a la Revolución a hacer lo que en un momento no se pensaba. No fue invento nuestro, fue conminación de los campesinos. A ellos los convencimos de que con las armas en la mano, con una organización, y perdiendo el miedo al enemigo la victoria era segura. Y el campesino que tenía en sus entrañas razones poderosas para hacerlo impuso la Reforma Agraria a la Revolución" (pp. 16-17).

[28] Ambas cartas y el texto siguiente en *Chomón/Cuando el Che. . .*

[29] "Las columnas invasoras 2 y 8 del Ejército rebelde situadas en Las Villas, recabando apoyo de todas las fuerzas revolucionarias que ahí combaten, deben a su vez interceptar las carreteras y vías férreas e impedir el cruce de las tropas enemigas hacia Oriente. . ." *Martínez/7RR. . .,* p. 348.

[30] Larry Morales: *El jefe del pelotón suicida,* UNEAC, La Haba-

na, 1979, pp. 107-109. Víctor Dreke: "La toma del escuadrón 31", *Bohemia,* 28 diciembre 1973.

[31] Texto del pacto en apéndice de *Rodríguez Loeches/Bajando.* . . pp. 256-257.

[32] "Nosotros nunca discutimos quién era el jefe y de hecho lo era el Che, de hecho todos lo aceptábamos. Sin duda él llevaba la última palabra (aunque) escuchando las opiniones siempre con sentido fraternal y una gran modestia, (luego) decidía y aceptábamos". *Faure/entrevista Betancourt.*

[33] La información sobre el conjunto de la "Ofensiva del Pedrero", en *Fernández Mell/La campaña.* . .; Enrique Buznego y Luis Rosado: "Estrategia del Che en Las Villas", *Granma,* 2 enero 1983; Emilio Surí Quesada: *El mejor hombre de la guerrilla,* Letras Cubanas, La Habana, 1980, pp. 91-92. La precisión sobre la citada disposición defensiva en el citado *Diario* del Che y proporcionada por Aleida March.

Las notas biográficas de Hernández y Zayas, en Alfredo Reyes Trejo, "Primer capitán Manuel Hernández Osorio", *Verde Olivo,* 25 septiembre 1977; y Pavón Cumpliendo. . .

[34] Informe del combate elaborado por el Che y transmitido por Radio Rebelde, reproducido en *Franqui/Diario.* . . pp. 655-656.

[35] *Martínez/7RR.* . ., pp. 358-359. Juan Carlos Fernández en su artículo "Osvaldo Sánchez", *Moncada,* diciembre 1975, narra: "También por encargo del Che, Osvaldo Sánchez se dio a la tarea de construirle una planta transmisora para instalarla en Caballete de Casa, donde radicaba su comandancia. Hiram Prats y otro estudiante de ingeniería electrónica trabajaron día y noche en esta tarea y un mes después, el equipo era remitido a la Universidad de Las Villas a través del expreso como parte de la ayuda que el estado brindaba a esta institución. El propio Hiram, acompañado de Antonio Núñez Jiménez, esperó en Santa Clara la llegada de la planta y ambos se las ideraon, con otros compañeros de esta provincia, para hacerlo llegar a su destino real".

[36] *Ribalta/entrevista;* Roberto Ponciano: "Caballete de Casa, el primer campamento del Che en Las Villas", *Juventud Rebelde,* 12 julio 1968.

[37] *Morales/El jefe.* . . pp. 114-118; Leonardo Tamayo: "Luchar junto al Che", *Moncada,* diciembre 1970. El Che en su reflexión futura sobre la guerrilla escribiría: "Este pelotón suicida debe estar en todos los lugares donde se decida un combate (. . .) se llega a hacer con el tiempo la niña mimada de cualquier columna guerrillera". Ernesto Che Guevara: La guerra de guerrillas, *Escritos y Discursos,* Tomo I, p. 110.

[38] El parte del Che sobre la ofensiva del Pedrero, culminaba: "Seguimos en posesión de la vía de la invasión. Cabaigüán, Conuco, Sancti Spiritus; el puente de la carretera central sobre el río Tuinicú fue inutilizado por las acciones del capitán Silva (. . .) y el bloqueo del comandante Camilo por el centro, deja como única vía un camino vecinal que saliendo del poblado de Guayo pasa por el central Tuinicú, y que próximamente será cortado por nuestras fuerzas" *Franqui/Diario.* . . p. 656.

[39] En *Franqui/Diario.* . . p. 658. El tono burlón era habitual en las relaciones fraternales de Camilo y el Che. Ver por ejemplo, las cartas de abril de 1958, en *Escritos y Discursos,* tomo II, pp. 302-303 y Guillermo Cabrera Alvarez: *Camilo Cienfuegos, el hombre de las mil anécdotas,* Editora Política, La Habana, 1984.

[40] Pedro de la Hoz: "Cada santaclareño fue un combatiente", *Verde Olivo,* 6 abril 1981. *Dreke/La toma.* . .

[41] La posibilidad de una intervención militar norteamericana, para apuntalar la desmoronada dictadura batistiana, había sido barajada por Fidel Castro en repetidas ocasiones. Se pensaba también que era factible una intervención de fuerzas dominicanas enviadas por Trujillo, o alguna otra forma de intervención encubierta. No se trataba de un caso de paranoia de los dirigentes revolucionarios cubanos, las conspiraciones en ese sentido se estaban produciendo, pero la velocidad con la que se desarrollaron los hechos, en diciembre del 58, impidieron la intervención de estas fuerzas.

Fidel había dicho en una conversación con Raúl a través de la radio de sus columnas: "El que venga a intervenir, tendrá que entrar peleando". En *Franqui/Diario.* . . p. 660. Las maniobras norteamericanas, en *Abreu En el último.* . . pp. 123-129.

[42] La entrevista en *Días de combate,* Instituto Cubano del libro, La Habana 1970, pp. 399-402.

[43] La mejor descripción del tren, en Antonio Núñez Jiménez, "El tren blindado", *Bohemia,* 8 de octubre 1971; el trabajo de los obreros del PSP y el 26 de Julio, en *Juan Carlos Fernández/Osvaldo*. . . y Arístides Sotonavarro: "Antes de la gran batalla", *Moncada,* septiembre 1975; los mensajes a la Sierra, en *Martínez/7RR*. . . p. 372.

En el Taller de la Ciénaga la dictadura había asesinado, anteriormente, al militante obrero José Ramírez Casamayor lo que había provocado la hostilidad masiva de los obreros. Lorenzo Díaz, en el citado artículo de Sotonavarro, cuenta cómo él y su grupo del 26 de Julio, amedrentaron a muchos soldados y en los días previos ayudaron a desertar a 39 de ellos.

[44] *Fernández Mell/La campaña*. . .

[45] Enrique Buznego, Castillo, Álvarez y otros: *Diciembre del 58,* Editorial Ciencias Sociales, La Habana, 1977, p. 30 y Luis Adrián Betancourt: "Un hombre hecho en los fuegos", *Moncada,* octubre 1987.

[46] Alberto del Río Chaviano, hombres del golpe batistiano del 52, viejo conocido de los rebeldes porque había estado a cargo de las operaciones en Santiago y dirigido al ejército en los ataques sobre la Sierra Maestra. Había estado conspirando con otros jefes militares de la dictadura para dar un golpe. Ver *Abreu/En el último*. . . pp. 234-236.

[47] Aldo Isidrón del Valle: "Diciembre de fuego", en Lisandro Otero (coordinador) *Las Villas,* Ediciones Venceremos, La Habana, 1965. *Dreke/La toma*. . .

La coordinación entre el Directorio Revolucionario y el 26 de Julio era ya muy eficaz en estos momentos. El 15 en la noche el Che dirigió el siguiente mensaje: "Rolando: ya destruimos el puente sobre el Falcón y hemos puesto sitio a Fomento, necesitamos la cooperación de ustedes por el camino de Báez. Esta noche iniciaremos el ataque sobre el cuartel. Dile a René que me conecte con las milicias y sigue el talle. Te saluda. Che". Rolando Cubela: "La batalla de Santa Clara", *Bohemia,* 26 julio 1963.

[48] Ernesto Che Guevara: "parte de la batalla de fomento" en "los últimos días. . . 2 Documentos", *Granma*, 21 diciembre 1968. Ramón Barreras: "15 de diciembre de 1958", *Vanguardia,* 15 diciembre 1978.

[49] René Rodríguez Cruz, "Se inicia la lucha en El Escambray", *Bohemia,* 25 de diciembre 1964.

[50] Testimonio de Reynaldo Pérez Valencia, en Julio Martí, "Saber al Che frente a nosotros", *Moncada,* octubre 1967.

[51] Testimonio de Vicente Suárez, en Carlota Guillot: "Fomento, 100 fusiles para la fuerza de la libertad", *Vanguardia,* 19 diciembre 1978. El teniente Pérez Valencia narra así la disposición defensiva: "Yo había ordenado poner dos avanzadas: una sobre el hotel, ubicado en el centro del pueblo y la otra en la azotea de un cine. Los hombres que las componían, unidos a los del cuartel donde me encontraba, sumaban una fuerza aproximada de ciento y pico de soldados bien armados. No obstante conocía que la situación era difícil para nosotros pues los rebeldes combatían con mucha eficacia en toda la provincia". *Martí/Saber. . .*

[52] El Che resumiría años después: "Dependerá que se triunfe o no en el intento de tomar el campamento, de la capacidad de la fuerza cercadora para detener los intentos de las columnas de auxilio". *Che/Guerra de guerrillas,* p. 101.

[53] *Che Guevara/Parte batalla de Fomento; Buznego y otros/Diciembre del 58,* p. 30.

[54] *Fernández Mell/La campaña. . .* y *Guillot/Fomento. . .*

[55] "En la ofensiva contra El Escambray la mayoría de nuestros fusiles se quedó a 20 balas. Lo que se había recuperado con los muertos que tuvieron los soldados en su último intento de avanzar, fueron dos mil y pico, lo que no resolvía gran cosa, pues teníamos más de 100 fusiles, aunque por aquellos días también recibimos algún parque y algunas armas, que fue lo que decidió a atacar a Fomento". *Fernández Mell/La campaña. . .*

[56] *Martí/Saber. . .*

[57] *Isidrón/Las Villas,* p. 47 y Elena Otero: "Diciembre de fuego", *Granma,* 30 diciembre 1966.

[58] Che Guevara: "Una revolución. . .", *Pasajes/*p. 244

[59] Unos 30 hombres formados por jóvenes invasores como Tamayo, Villegas, Del Río, Meriño y algunos nuevos reclutas de Las Villas. *Morales/El jefe. . .* p. 120

"El pelotón suicida era un ejemplo de moral revolucionaria, y a él iban solamente revolucionarios escogidos. Sin embargo cada vez que un hombre moría, y eso ocurría en cada combate, al hacerse la designación del nuevo aspirante, los deshechados realizaban escenas de dolor que llegaban hasta el llanto. Era curioso ver a los curtidos y nobles guerreros, mostrando su juventud en el despecho de unas lágrimas, por no tener el honor de estar en el primer lugar de combate y de muerte". Che Guevara, "Una revolución. . ." *Pasajes/*p. 247.

[60] *Morales/El jefe. . .* pp. 121-122.

[61] Joel Iglesias, "En la guerra revolucionaria junto al Che", *Verde Olivo,* 13 octubre 1968; Oscar Fernández Mell, "La batalla de Santa Clara", *El Oficial,* noviembre 1967.

[62] Nacido en la Sierra Maestra, "limpió zapatos, vendió chicles y viandas en la calle y cortó y guataqueó mucha caña en todas las zafras". Alzado desde 1957, mensajero del Che en la columna 4. Victoria Quintana y Freddy Torres, "Luchar junto al Che", *Moncada,* octubre 1969.

[63] *Martí/Saber. . .* Tamayo cuenta: "Hay una anécdota que yo a cada rato se la recordaba a los compañeros cuando empezábamos a chistear. Ellos llevaban como doce o trece horas peleando en el cuartel de Fomento y yo llegué al cuartel y tiré un solo depósito con el garand o sea, ocho disparos. Dio la casualidad que tan pronto tiré los ocho disparos el cuartel se rindió. Entonces, yo gastaba la jarana con ellos de que tan pronto como ellos supieron que yo estaba allí, el cuartel se rindió. A cada rato se lo decía, y cuando un cuartel no se rendía o iban otros compañeros a tomarlo, yo decía que era porque Tamayito no estaba allí." *Quintana-Torres/Luchar. . .*

[64] *Fernández Mell/La batalla. . .; Martí/Saber. . .*

[65] *Che Guevara/Parte batalla de Fomento.* El parte militar paralelo del ejército, disminuía el número de prisioneros a 123 y decía que el cuartel había sido asediado por 500 rebeldes (¡¡), en "Cuba, diciembre 1958", *Días de Combate,* pp. 411-412.

[66] "Mensaje del Che Guevara a la Cruz Roja de Placetas", en "Dos documentos. . .", *Granma,* 21 diciembre 1968.

[67] Veinticinco años, nacido en Maffo, Santiago de Cuba, enseñanza básica incompleta, trabajó de niño en una farmacia, luego en una tienda. Tras el golpe de Batista se suma a la organización Acción Libertaria. Tras el Moncada, organizador y jefe de acción del 26 de Julio en Maffo. Varias veces detenido. Se alza en octubre de 1957 sumándose a las tropas del Che. Se destaca en varios combates. Invasor en el pelotón de la comandancia. Francisco Pita Rodríguez, "Cayó junto al Che en la Quebrada del Yuro", *Bohemia,* 6 marzo 1981.

[68] Nydia Sarabia, "La mujer villaclareña en la lucha patria", *Bohemia,* 26 julio 1968.

[69] Era la primera vez que esto sucedía en Las Villas donde operaba la columna 8. José Lorenzo Fuentes, "Las Villas bajo las balas", *Bohemia,* 26 julio 1968; Antonio Núñez Jiménez: "La batalla de Santa Clara", en *La Sierra y el Llano,* Casa de las Américas, La Habana, 1969, p. 286.

[70] Orlando Barrera: *Sancti Spiritus, sinópsis histórica,* Editorial Oriente, Santiago de Cuba, 1986, pp. 145-146. El nombramiento estaba fechado el 10 de diciembre y hacía a Acosta, jefe de Operaciones de Sancti Spiritus-Trinidad.

[71] Surí/*El mejor*. . . pp. 92-93; *Diciembre 58*/p. 42; *Días de combate*/p. 413.

[72] Surí/*El mejor*. . . p. 93.

[73] *Dreke/La toma*. . .

[74] *Días de combate,* p. 413

[75] *Dreke/La toma*. . .

[76] *Días de combate,* p. 418

[77] El 19 de diciembre dos B26 bombardearon la carretera Placetas-Fomento y el 20 tres B26 bombardearon los alrededores de Reme-

dios en el norte de Las Villas. *Días de combate,* pp. 413-414.

[78] La batalla de Yaguajay ha sido narrada, con lujo de información, por William Gálvez, en "Rasgos del combate de Yaguajay", en *Días de combate,* p. 357, y en *Camilo, señor...* p. 395 y ss.

[79] *Buznego y otros/Diciembre del 58,* p. 42

[80] Tras la victoria de la batalla de Guisa (20-30 noviembre) Fidel comenzaba a cercar a la guarnición de Santiago con las tropas de Alemida del III Frente y a iniciar un movimiento envolvente sobre las ciudades de la provincia en el territorio del II Frente dirigido por Raúl. El 10 de diciembre se inició la batalla de Maffo, ya con una capacidad de respuesta muy limitada por parte de la guarnición de Santiago. La iniciativa militar estaba totalmente en manos de los rebeldes y Fidel preparaba las operaciones finales sobre la capital, mientras simultáneamente se abrían relaciones con militares que querían arrojarse del barco del régimen en pleno proceso de naufragio. Ver: *Diciembre de 1958,* p. 62; *Días de combate,* pp. 223-248; José Quevedo Pérez, *El último semestre,* Uneac, La Habana, 1982; Gerónimo Álvarez Batista, *"III frente a las puertas de Santiago",* Letras cubanas, La Habana, 1983; "La batalla de Guisa", en *La sierra y El Llano.*

[81] Che Guevara, "Una revolución...", en *Pasajes,* p. 244.

[82] *Diciembre 1958,* p. 45; *Isidrón/Las Villas,* p. 47; *Otero/Diciembre de fuego.*

[83] *Diciembre 1958,* pp. 45-46.

[84] *Días de combate,* p. 416.

[85] Testimonio de J.A. Castellanos, en *Morales/El jefe...* pp. 126-127.

[86] "Corrió la noticia, el Che está herido", *Juventud Rebelde,* 27 diciembre 1983. *Fernández Mell/Campaña...* dice que se trataba de una fractura del codo comprobada en los rayos x(F.M. fue el que lo atendió). Todas las fotos posteriores muestran al Che enyesado desde la mano y con los dedos libres, pero no se alcanza a ver hasta dónde llega el yeso.

No fue el único accidente. Por la forma como se estaba combatiendo y a causa de los disparos de los francotiradores, varios rebeldes se lesionaron en caídas. Gustavo Machín Hoed, uno de los combatientes más destacados del DR, al quedar descubierto y ante fuego, tuvo que tirarse de una azotea y se resintió de una vieja lesión de sus épocas de futbolista. Alfredo Reyes Trejo, "Gustavo Machín Hoed", *Verde Olivo,* 28 agosto 1977.

[87] Testimonio de Leonardo Tamayo, en *Morales/El jefe*. . . pp. 127-128.

[88] *Fernández Mell/La campaña*. . . El capitán Silva perdió el brazo a causa de la herida.

[89] *Diciembre 1958,* p. 46. O sea 45 horas después de haberse iniciado el combate. El Che Guevara, "Una revolución. . .", *Pasajes,* p. 244, habla de dos días de combate, lo mismo que el reporte de Radio Rebelde, en *Surí/El mejor*. . . p. 97. Información también en *Barrera/Sancti Spíritus.*

[90] Informe de Radio Rebelde, en *Surí/El mejor*. . . pp. 96-97.

[91] Rodolfo Rodríguez Zaldívar, "Desde la Sierra Maestra hasta las Villas", *Bohemia,* 11 enero 1959. Una versión coincidente en *Surí/El mejor*. . . pp. 94-95.

[92] *Isidrón/Las Villas*. p. 47.

[93] *Diciembre de 1958,* p. 46.

[94] *Barrera/Sancti Spíritus*. . . p. 148.

[95] Carlota Guillot, "Sancti Spíritus: una ciudad tomada por su propia población", *Vanguardia,* 23 diciembre 1978.

[96] *Barrera/Sancti Spíritus*. . . p. 148.

[97] *Días de combate,* p. 419.

[98] *Guillot/Sancti Spíritus*. . .

[99] *Barrera/Sancti Spíritus*. . . p. 150.

[100] *Betancourt/Un hombre*. . .

[101] Carta de Faure Chomón a Enrique, en *Rodríguez Loeches/Bajando,* p. 265.

[102] Gracias a un reconocimiento aéreo el ejército había detectado cómo la columna del Directorio descendía de El Escambray por Güinía de Miranda. Eso motivó su decisión. *Días de combate,* p. 416 y *Dreke/La toma*. . .

[103] Adrián Dopico Asensio, "Treinta aniversario de la liberación de Trinidad", *manuscrito.*

[104] Entrevista con "San Luis", en *Rodríguez Zaldívar/Desde la Sierra.* . .

[105] Era una tremenda exageración. El ejército contaba con unos 150 soldados y policías y los rebeldes habían utilizado cuando más unos 200 hombres del 26 de Julio y el Directorio. Augusto E. Benítez: El cerco de Santa Clara'', *Bohemia,* 9 diciembre 1978.

[106] *Días de combate,* pp. 419-420.

[107] Informe de Radio Rebelde sobre la toma de Placetas, en *Franqui/Diario.* . . p. 663 y Eduardo Martín y Benito Cuadrado, "Placetas un pueblo que forjó su liberación'', *Vanguardia,* 23 diciembre 1978.

[108] *Morales/El jefe.* . . p. 133.

[109] *Isidrón/Las Villas,* p. 48.

[110] *Morales/El jefe.* . . p. 132.

[111] *Faure Chomón/entrevista Betancourt.*

[112] *Benítez/El cerco.* . .

[113] *Che comandante,* Editorial Diógenes, México, 1969, p. 113.

[114] *Martí/Saber.* . .

[115] Osvaldo Navarro, *El caballo de Mayaguara*. Editora Política, La Habana, 1987, p. 68.

[116] Testimonio de Ramón Tarrau, en *Betancourt/Un hombre*. . .

[117] Informe de Radio Rebelde sobre la toma de Placetas, en *Franqui/Diario*. . . p. 664.

[118] Fidel había dirigido al Che el día 22 el siguiente mensaje:
"Considero perjudicial desde el punto de vista militar devolver prisioneros en este instante.

"La Dictadura ha obtenido grandes cantidades de armas tácticas, pero carece de personal para su uso. Devolver prisioneros en estas circunstancias es ayudarle a resolver una de sus mayores dificultades. Aunque no los envíen a pelear de nuevo, los emplean en guarniciones donde no hay frente de combate, para substituir tropas que son enviadas en operaciones. Salvo que en condiciones de rendición se haya contraído un compromiso expresamente, no deben ser devueltos los prisioneros de Fomento" *Franqui/Diario*. . . p. 663.

El problema había sido planteado originalmente por Raúl Castro el 13 de diciembre cuando consultaba a Fidel sobre 400 presos que tenía en su poder, y buscaba soluciones alternativas a la liberación de los soldados. En Fomento el Che había detenido y enviado a la Sierra a los detenidos, aunque después los soltó, pero había soltado a los de Guayos y Cabaiguán de inmediato con excelentes resultados.

"El Che aplicaba la táctica desarrollada por Fidel con tanto éxito durante la ofensiva, de entregar los soldados prisioneros en el cuartel que se iba a atacar próximamente. Esta tropa rendida era un elemento desmoralizador a los otros soldados. Así contábamos con un factor que nos favorecía tras la línea enemiga", José Ramón Silva, Alfonso Zayas y Rogelio Acevedo, "Che, un gran jefe", *Juventud Rebelde,* 20 octubre 1967.

No he encontrado la respuesta del Che a Fidel sobre este problema, pero no hay duda que el Che mostró a Fidel los suficientes argumentos para seguir liberando prisioneros. Dada la velocidad de la ofensiva los efectos benéficos de la liberación de soldados compensaban sobradamente los riesgos de que éstos fueran utilizados de nuevo en combate. En Placetas el Che no soltó a los presos sino que los entegó a la Cruz Roja, con lo que demoró su reincorporación al ejército y realizó un acto de propaganda (siguiendo la táctica que había usado Raúl Castro). De los 800 hombres que tomaría presos en la etapa previa a la batalla de Santa Clara, no más de un centenar reaparecieron en la ciudad, y no hay duda de que su presencia en los cuarteles de Santa Clara produjo desmoralización entre las tropas.

[119] Guillermo Cabrera Álvarez, *Camilo Cienfuegos el hombre de las mil anécdotas,* Editora Política, La Habana, 1984, p. 61.

[120] *Gálvez/Camilo.* . . p. 398.

[121] Caridad Miranda, "La debacle del tren blindado", *Moncada,* diciembre 1983.
El día 26, el coronel Rosell, que se había quedado en La Habana al salir el tren aunque tenía a su cargo la expedición, fue advertido por su cuñado que el SIM iba a detenerlo. El coronel de ingenieros secuestró un yate y huyó para exilarse en Cayo Hueso. Lo curioso es que el piloto que fue enviado en su persecución para bombardear el yate, en lugar de hacerlo, se exiló en Miami. Mario Kuchilán, "En zafarrancho. Santa Clara: La batalla final", *Bohemia,* 12 octubre 1968.

[122] *Días de combate,* p. 420. Como se puede ver en la narración, ninguno de estos dos rumores eran ciertos.

[123] *Dreke/La toma.* . .

[124] Alfonso Pino Puebla, "La batalla de Santa Clara", *Bohemia,* 27 diciembre 1959.

[125] *Fernández Mell/La batalla.* . . El puente se encuentra cerca de Ranchuelo, al suroeste de Santa Clara. Radio Rebelde informó el 23 de la toma de Ranchuelo y Cruces por lo rebeldes. *Franqui/Diario.* . . p. 665.

[126] Testimonio de Marcelo Martínez, en *Surí/El mejor.* . . p. 97.

[127] *Betancourt/Un hombre.* . .

[128] *Martín y Cuadrado/Placetas.* . .

[129] Antonio Núñez Jiménez, "La batalla de Santa Clara", en *La Sierra y el Llano",* Casa de las Américas, La Habana, 1969, p. 287.

147

[130] *Morales/El jefe*. . . p. 135 y *Benítez/El cerco*. . .

[131] Nacido en Santiago de Cuba, hijo de una familia de clase media, estudiante, compañero de Frank País, 23 años cumpliría dentro de tres días. Militante del 26 de Julio, exilado en México, se reincorpora a la columna 8 en noviembre del 58. Ascendido a capitán por su valor en combate. Alfredo Reyes Trejo, "Capitán Alberto Fernández Montes de Oca", *Verde Olivo,* 9 octubre 1977.

[132] Mirella Quintana Cepero, "Pachungo en la guerrilla del Che", *Verde Olivo,* 30 septiembre 1982 y *Reyes Trejo/Capitán Alberto*. . .

[133] Testimonio de Paulino Gutiérrez, en *Morales/El jefe*. . . pp. 136-137.

[134] Testimonio de Orestes Colina, en *Morales/El jefe*. . . p. 139.

[135] Aldo Isidrón del Valle, "Esos instantes que un revolucionario jamás olvida", *Granma*, 3 enero 1977.

[136] *Morales/El jefe*. . . pp. 139-140.

[137] *Diciembre 1958,* p. 49. Hay un error en la fecha del inicio del combate (dice 24 de diciembre en lugar de 25).

[138] *Martí/Saber*. . .

[139] *Diciembre 1958,* pp. 49-50.

[140] Testimonio de Fernández Mell, en Jesús Rivas y Miguel Naón, "El Vaquerito", *Granma,* 30 diciembre 1967; *Morales/El jefe*. . . pp. 145-146; Rosa Ileana Boudet, *El Vaquerito,* Gente Nueva, La Habana, 1983, p. 28.

[141] *Días de combate,* p. 423.

[142] *Diciembre de 1958,* apéndice.

[143] La suma de los informes parciales de armas capturadas al ejército ofrece el siguiente balance: 2 morteros, 10 ametralladoras calibre 30, 15 ametralladoras ligeras *browning* y *thompson* y cerca

de seiscientos fusiles. Para los morteros y las ametralladoras apenas si había munición.

El Che haciendo un balance comentaba: "Nuestras fuerzas habían aumentado considerablemente de fusilería, en la toma de distintos puntos, y en algunas armas pesadas que carecían de municiones". *Che/Pasajes*. . . p. 245.

[144] En los ataques a los cuarteles de Las Villas los rebeldes habían sufrido 11 muertos. Quizá entre sus bajas más graves estaban 4 de sus capitanes heridos: Joel Iglesias, Manuel Hernández, José Ramón Silva, y Orlando Pantoja (aunque este último pudo reincorporarse) y varios de los tenientes. Al iniciarse la batalla de Santa Clara ninguno de los capitanes que había hecho la invasión estaba en activo, bien por haber sido heridos durante ésta o durante la etapa inmediata posterior. Esta proporción inusitada de bajas entre los oficiales de la columna 8, mostraba bien a las claras la forma como combatía el ejército rebelde.

[145] *Buznego-Rosado/Estrategia del Che*. . .

[146] "Estrecha hermandad entre los miembros del 26 de Julio y el DR la clave de la victoria". Ramiro Valdés, "Discurso", *Bohemia,* 20 octubre 1978.

[147] Testimonio de Marcelo Martínez en *Surí/El mejor*. . . pp. 97-98.

[148] *Morales/El jefe*. . . p. 135.

[149] *Días de combate,* pp. 394-395.

[150] *Fernández Mell/La campaña*. . .

[151] *Pino/La batalla*. . . y Manuel de Feria, "Santo Domingo, antes y 20 años después", *Vanguardia,* 29 diciembre 1978.

En Santo Domingo las fuerzas rebeldes se habían emboscado tras la conquista de la población en las afueras del pueblo y ahí respondieron el fuego de un automóvil que venía de Santa Clara y disparó contra ellos. Oscar Ibarra, "Episodios de la revolución: El puente que dividió la isla en dos", *Carteles,* junio 1959.

[152] *Feria/Santo Domingo*. . .

149

Radio Rebelde de Cruces diría al día siguiente reportando el combate: "lo que me entró de Santa Clara no fue carne, tanques, bombardeos y el diablo. He tenido muchas bajas. . ." *Días de combate,* p. 391.

[153] *Cubela/La batalla.* . .

[154] En *Franqui/Diario.* . . p. 670. Batista había enviado refuerzos en cinco ocasiones al cuartel Leoncio Vidal de Santa Clara y sobre la carretera avanzaban nuevas fuerzas, sin contar al tren blindado enviado dos días antes. Para la dictadura la importancia estratégica de Santa Clara era grande, se pensaba que incluso una debacle en Oriente podía ser minimizada hasta el cambio de presidente en febrero, si se sostenía el centro de isla. *Buznego-Rosado/Estrategia del Che.* . .

[155] A estas fuerzas se suele añadir algunos de los soldados liberados por el Che durante la campaña, pero sin poder cuantificarlos. Las únicas oscilaciones importantes en estos números, según las fuentes son las siguientes: Cuartel de Caballitos 20-30-50-100 hombres; Estación de policía: 300-396. Aeropuerto: 80-120. Gobierno provincial 30-130. *De la Hoz/Cada santaclareño.* . .*; Fernández Mell/La batalla.* . .*; Quintana y Torres/Luchar.* . .*; Betancourt/Un hombre.* . . *Núñez Jiménez/El tren.* . .*; Kuchilán/En zafarrancho.* . .*; Rosado/Estrategia del Che.* . .

[156] "Teníamos una bazuka sin proyectiles y debíamos luchar contra una docena de tanques, pero también sabíamos que para hacerlo con efectividad, necesitábamos llegar a los barrios poblados de la ciudad, donde el tanque disminuye en mucho su eficacia". *Che/Pasajes.* . . p. 245.

[157] Algunos datos más sobre los miembros de la columna 8: Un promedio de edad entre 36 combatientes de los que se obtuvieron datos, da 24 años, 8 meses. El Che dice que el 90% de los miembros de la columna invasora eran analfabetos al incorporarse al ejército rebelde. Muchos de ellos se alfabetizaron en la escuela de Minas del Frío o en los campamentos de Caballete de Casa y Gavilanes en El Escambray.

Habitualmente, cuando se hace el cálculo de las fuerzas del Che se añaden los 75 hombres de la tropa de Víctor Bordón que, como se ha visto, se encontraban en la zona de Santo Domingo en labores de Contención.

*De la Hoz/Cada santaclareño. . .; Fernández Mell/La bata-
lla. . . Reyes Trejo/Capitán Alberto. . .; Pablo Ribalta/Entrevista*

[158] El Che se había entrevistado por segunda vez con Camilo en la
noche del 25 y había confirmado la decisión anterior. A no ser que
el Che lo requiriera, Camilo seguiría cercando Yaguajay. Que no
se desesperara. El Che pensaba que las fuerzas a su mando podían
tomar Santa Clara. *Gálvez/Camilo. . .* p. 404.

Analizando los motivos del Che, surje una hipótesis alternativa para explicarlos sobre la que no hay ninguna prueba documen-
tal: ¿Pensaría el Che que dadas las condiciones era esencial tratar
de darle un golpe clave a la dictadura en Santa Clara, pero en caso
de fracaso, consideraba que las fuerzas de Camilo podrían reconstruir el frente de Las Villas?

[159] *Núñez Jiménez/La batalla. . .*, en *Sierra. . .* pp. 288-289.

[160] *Fernández Mell/La batalla. . . Dreke/La toma. . .; Mora-
les/El jefe. . .* p. 152; Orlando Contreras, "El tren blindado", *Verde Olivo,* 5 enero 1964.

[161] *Che Guevara/Guerra de guerrillas.* p. 47.

[162] Angel Rodríguez Cordoví, "Rodeada la ciudad fue tomada
palmo a palmo", *El Mundo,* 6 enero 1959.

[163] *De la Hoz/Cada santaclareño. . .* (testimonio de Rogelio Acevedo); Testimonio de Hugo del Río, en *Morales/El jefe. . .* p. 156.

[164] *Fernández Mell/La batalla. . .*

[165] *Reyes Trejo/Capitán Alberto. . .*

[166] *Nydia Sarabia/Mujeres. . .* I. Lavretski: *Ernesto Che Guevara,* Editorial Progreso, Moscú, 1975, p. 143.

[167] Testimonio de Ramón Pardo, "Guile", en *Contreras/El
tren. . .*

[168] El Che tenía razón en temer a los tanques en campo abierto.
Las primeras bajas de la batalla de Santa Clara para los rebeldes

fueron: Israel Santos, Ramiro Santiago, Aníbal Arceo, Miguel Pérez Pimentel y Antonio Pérez. *Betancourt/Un hombre.* . .

[169] *Núñez Jiménez/El tren.* . .

[170] Fernández Mell/La batalla. . . Aldo Isidrón del Valle, "Diciembre de fuego. Santa Clara 1958. Semblanza de una batalla", *manuscrito.*

[171] *Núñez Jiménez/El tren.* . .

[172] Informe militar, en *Días de Combate,* pp. 423-424; *Kuchilán/En zafarrancho.* . .; José Lorenzo Fuentes, "Las Villas bajo las balas", *Bohemia,* 26 julio 1968.

[173] El ejército contaba en esa zona con cerca de 400 soldados y cuatro tanques para enfrentar al centenar de hombres del Directorio.

[174] *Dreke/La toma.* . . El otro grupo iba dirigido por Cubela con el capitán Abrahantes y el teniente Oropesa.

[175] *Cubela/La batalla.* . .

[176] *Dreke/La toma.* . .

[177] Informe en *Abreu/En el último.* . . p. 227 e *Isidrón/manuscrito*

[178] *Buznego/Rosado/Estrategia del Che.* . .; *Díaz de combate,* p. 424; *El Mundo,* 6 enero 1958.

[179] "En la casa había una camarita que le íbamos a regalar a la niña el 6 de enero. Aleida había sido maestra de mi hija y fue a ella a quien le pedí conocer al Che. Tenía un brazo entablillado y una curita en la frente (. . .) Ya se iba y le dijimos: un momentico, que queremos tomarle una foto. Parece que le dio pena y se paró". Testimonio Haydé Morera, *Betancourt/Un hombre.* . .

[180] *Morales/El jefe.* . . pp. 156-159; *Rosado/Estrategia.* . .

[181] *Cubela/La batalla.* . .

[182] Testimonio Zobeida Rodríguez, en *Nydia Sarabia/Mujeres.* . .; *Feria/Santo Domingo.* . .

[183] *Rodríguez Zaldivar/Desde la Sierra.* . .; *Surí/El mejor.* . . p. 100

[184] *Barrera/Sancti Spiritus.* . . p. 151; *Dopico/manuscrito; Faure/entrevista Betancourt; Isidrón/Las Villas.* . . p. 50; Luis Rey Yero: "Trinidad a 20 años de la revolución triunfante", *Vanguardia,* 29 diciembre 1978.

[185] *Betancourt/Un hombre.* . .

[186] Che, nota manuscrita reproducida en *Cubela/La batalla.* . .

[187] *Días de combate,* p. 411.

[188] *Silva-Zayas-Acevedo/Che un gran.* . .
Multitud de fotos aparecidas en *Bohemia* y *Carteles* de enero del 59, muestran el bloqueo de las calles utilizando camiones, motoconformadoras, autobuses y automóviles. La población también utilizó barricadas incendiadas con gasolina o simples cortinas de fuego.

[189] *De la Hoz/Cada santaclareño.* . . "El hecho de que el fluido eléctrico estaba cortado ayudó a la maniobra nocturna". *Fuentes/Las Villas.* . .

[190] *Silva/Zayas-Acevedo/Che un gran.* . .

[191] *Núñez Jiménez/El tren.* . . El carterpillar puede ser observado en el lugar donde fue utilizado para cortar la vía y que hoy es un museo al aire libre en la ciudad de Santa Clara.

[192] Testimonio de Ramón Pardo, en *Contreras/El tren.* . . *Ribalta/entrevista; Reyes Trejo/Capitán Alberto.* . .
El planteamiento del Che era ir derrotando los núcleos de segunda importancia del enemigo aprovechando su inmovilismo y su actitud defensiva, para operar al fin sobre el Leoncio Vidal. Luis Rosado Eiro, "Batalla victoriosa: Santa Clara", *Verde Olivo,* 29 diciembre 1983.

[193] *Kuchilán/En zafarrancho*. . .

[194] *Morales/El jefe*. . . pp. 161-162.

[195] *Che Guevara/Guerra de guerrillas,* p. 75.

[196] *Che Guevara/Guerra de guerrillas,* p. 107.

[197] *Cubela/La batalla*. . . El Che sin saber que Cubela estaba herido, le envío un mensaje ese día que decía: "Cubela estamos dentro del pueblo. Mándame a decir urgentemente tu posición completa. Cuando ésta llegue a tu poder se habrá iniciado el ataque a los reductos más débiles del enemigo. Che".

[198] El novelista José Lorenzo Fuentes fue testigo presencial de los bombardeos y recogió una serie de anécdotas terribles sobre los daños a la población civil. José Lorenzo Fuentes, "Las Villas bajo las balas", *Bohemia,* 26 julio 1968.

[199] *Reyes Trejo/Capitán Alberto*. . .; *Fernández Mell/La batalla*. . . *Ribalta/entrevista*.

[200] *Che Guevara/Pasajes*. . . p. 246. El cuerpo médico de la columna estaba formado por el capitán Oscar Fernández Mell y el doctor Vicente de la O, pero se sumaron varios médicos de la ciudad de Santa Clara.

[201] Testimonio de Hugo del Río, en *Morales/El jefe*. . . pp. 163-164. Curiosamente el oficial del ejército no se propuso ir personalmente a la estación del ferrocarril. Del Río nunca llegó al cuartel porque éste se rindió cuando él combatía en la estación de policía.

[202] *Betancourt/Un hombre*. . .; *Fernández Mell/La batalla*. . .

[203] *De la Hoz/Cada santaclareño*. . .; *Núñez Jiménez/La batalla*. . .; testimonio de José Argudín, en *Rodríguez Zaldivar/Desde la Sierra*. . . *Sotonavarro/Antes*. . .; Nelson García y Osvaldo Rodríguez, "El capitán descalzo habla de su amigo el Vaquerito", *Juventud Rebelde,* 28 diciembre 1983.
Algunos autores dicen que el tren inició la retirada al recibir un par de bazukazos de las fuerzas del Che, lo cual es imposible por-

que la única bazuka que disponían los rebeldes en ese momento no funcionaba. *Pino/La batalla. . .; Fuentes/Las Villas. . .*

[204] Núñez Jiménez/El tren. . . El novelista Edmundo Desnoes, en "El tren blindado", *Cuba,* agosto 1965, cuenta: "El tren queda inmóvil despuntado. Botellas verdes de cocacola, opacas de cerveza Hatuey, transparentes de Cawy; latas de jugo de tomate Libby's, de peras Bartlet, de sopas Campbell, de espárragos y de *petit-pois* estallan sobre los vagones, envolviendo en humo y fuego el convoy volcado y torcido por las puntas. El fuego y el humo borraban aquí y allá el oscuro acero del tren".

[205] Testimonio de Leonardo Tamayo, en Katia Valdés, "Che Guevara, facetas de un jefe militar". *Verde Olivo,* 12 octubre 1980.

[206] Testimonio de Roberto Espinosa, en *Contreras/El tren. . .*

[207] Desde una hortaliza tiraron los primeros cocteles molotov. Poco después el tren estaba envuelto en humo. ¿Tú te imaginas aquellas planchas calentándose, y el piso, que era de madera? No tenían otra salida que rendirse". Testimonio Joaquín Betancourt, *Betancourt/Un hombre. . .*

[208] Testimonio de Ramón Pardo, "Guile", en *Contreras/El tren. . .*

[209] *Che Guevara/Pasajes. . .* pp. 246-247.

[210] Teresa Valdés, "Consecuente con sus principios", *Moncada,* octubre 1987; *Contreras/El tren. . .*

[211] Testimonio Leovaldo Carranza, en *Betancourt/Un hombre. . .*

[212] *Fernández Mell/La batalla. . .; Kuchilán/En zafarrancho. . .; Valdés/Consecuente. . .*

[213] *El Mundo,* 6 enero 1959.

[214] Núñez Jiménez/El tren. . . Una versión militar dice que eran 320 los prisioneros y que en principio se aceptó un canje con dos prisioneros de los rebeldes que se encontraban en el Baire. El ejér-

cito conoció de la caída del tren blindado por esto, porque Santa Clara no le había pasado la información a Columbia. *Días de combate,* p. 425.

215 "Impartí la orden de avanzar hacia la estación de policía, e iniciamos la marcha. Íbamos en fila india y delante de nosotros iba un camión. En el momento en que vamos a pasar una esquina, nos encontramos con un tanque y varios guardias, pero eso fue en un abrir y cerrar de ojos (. . .) Nos desconcertamos y todos tratamos de refugiarnos en las casas de los alrededores.

"Yo me tiré para una casa, pero cuando estaba dentro reflexioné y pensé, cómo el jefe de una escuadra va a reaccionar de esa forma. Salí y entablé combate con el tanque. Ya el resto de los hombres se había posesionado de los techos de las casas y batían al tanque. Oígame, aquello no fue cosa de juego, porque el tanque nos hubiera barrido a todos. Yo creo que la gente del tanque se impresionó también, porque si ellos actúan cuerdamente, nos eliminan". Testimonio de Hugo del Río, *Morales/El jefe. . .* pp. 164-165.

216 Testimonio de Enrique Romero, en *De la Hoz/Cada santaclareño. . .* Bonifacio Hernández, jefe de propaganda de la columna 8 también había organizado carros con altoparlantes que recorrían la ciudad.

217 *Días de combate,* p. 409

218 *Días de combate,* p. 406.

219 La reserva del Che, los hombres que se habían alzado sin armas y que habían estado siendo entrenados en los campamentos de El Escambray, en especial en Caballete de Casa durante el mes de noviembre y los primeros días de diciembre, habían sido paulatinamente incorporados a la columna. Pablo Ribalta que fue su instructor, calcula en unos 300 el total de hombres de la reserva quienes comenzaron a salir entre los días 18 y 26 de diciembre siendo armados con los fusiles tomados en los cuarteles. Así se integró el pelotón de Orlando Pantoja, el de Alberto Fernández y el del propio Ribalta, y se reforzaron los restantes. Es posible que tras la toma de las armas del tren otros cien reclutas hayan salido de la escuela Ñico López de Caballete para sumarse al combate, como menciona el capitán Pardo en una entrevista con Teresa Valdés.

Valdés/Consecuente. . .; Pino/La batalla. . . Ribalta/entrevista; Fernández Mell/La batalla. . .

[220] *Dreke/La toma. . .*

[221] *Días de combate,* p. 426.

[222] *Kuchilán/En zafarrancho* y Víctor Dreke, "Víctor Dreke habla sobre el combate en el escuadrón 31", *Vanguardia,* 27 diciembre 1978.

[223] *Quintana-Torres/Luchar. . .*

[224] *Diciembre 1958,* p. 61; *Kuchilán/En zafarrancho. . .*
Desde el regimiento se disparaba contra los atacantes de la estación de policía. Hung, un combatiente que actúa en esa zona, cuenta: "Para poder posesionarnos de uno de los flancos del edificio tuvimos que sortear el fuego concentrado de los hombres del Regimiento. Acercarse después de quitarnos la balacera del Regimiento también se las traía, por cuanto de avanzar por la calle éramos blanco seguro de los policías". *De la Hoz/Cada santaclareño. . .*

[225] Roberto Rodríguez, en Delfín Xiques, "El vaquerito, simpatía, valor, inteligencia", *Granma,* 30 diciembre 1976.

[226] *Morales/El jefe. . .* pp. 167-168.

[227] *Kuchilán/En zafarrancho. . . Morales/El jefe. . .* pp. 168 y 170; *Xiques/El vaquerito. . .*

[228] "El Vaquerito" era un hombre con un valor que rayaba en locura. Su amigo Paulino Gutiérrez continuamente estaba tratando de frenarlo. José Alejandro Rodríguez, "La bala que lo va a matar a uno nunca se oye", *Trabajadores,* 29 diciembre 1983; *García-Rodríguez/El capitán descalzo. . .*
Ese mismo día en Santa Clara había conversado con la dueña de una casa donde se habían refugiado los rebeldes; "una señora le preguntó: *¿Y usted no tiene miedo a la muerte, a los tiros, a los aviones? No, no siento miedo. No pienso morirme por ahora. Total si Cristo vivió 33 años, por qué no voy a vivir eso o más,* contestó sonriente". Jesús Rivas y Miguel Naón, "El Vaquerito", *Gran-*

ma 30 diciembre 1967.

[229] *Morales/El jefe.* . . p. 172.

[230] *Quintana-Torres/Luchar.* . .

[231] *De la Hoz/Cada santaclareño.* . .

[232] *Che Guevara/Pasajes.* . . p. 247.

[233] Testimonio de Julio Rodríguez Quintero, en *Morales/El jefe.* . . p. 173.

[234] *Pino/La batalla.* . . *Fernández Mell/La batalla.* . .

[235] *Gálvez/Camilo.* . . p. 411.

[236] La lucha fue muy dura. Ese día la columna de Bordón tuvo tres muertos. *Isidrón/Las Villas,* p. 50; *Isidrón/Che ejemplo.* . .
"Oye te habla el guía, el instructor, estoy con Bordón. Necesitamos urgentemente algo contra los tanques, no podemos con ellos. Queremos algo contra los tanques. ¿Entendido? Esta es la móvil MM. . .". *Días de combate,* p. 407.

[237] *Rey Yero/Trinidad.* . .; *Faure Chomín/Entrevista Betancourt.*

[238] *Rodríguez Zaldivar/Desde la Sierra.* . .; *Surí/El mejor.* . . pp. 100-101.

[239] José Lorenzo Fuentes: "Tres momentos con el Che", *Gaceta de Cuba,* septiembre-octubre 1967.

[240] *Che Guevara/Pasajes.* . . p. 246.

[241] Testimonio del exteniente de la policía Antonio María Florit, en *Betancourt/Un hombre.* . .

[242] *Morales/El jefe.* . . p. 181.

[243] *Quintana-Torres/Luchar.* . .

[244] *Reyes Trejo/Capitán Alberto.* . .

[245] Allí los tanques aplastaron a varios soldados heridos en su afán por huir. *Betancourt/Un hombre*. . .

[246] *Kuchilán/En zafarrancho*. . .

[247] *Rodríguez Cordoví/Rodeada*. . .

[248] *Entrevista con Roberto Pérez* barman en el Hotel Santa Clara, 5 febrero 1988.

[249] *Kuchilán/En zafarrancho*. . .

[250] La guarnición de Topes estaba prácticamente rendida. Tras la toma de Trinidad Faure Chomón se había comunicado con ellos y los llamó a entregarse. "Cuando estaba en paz el pueblo entró disparando toda la gente al aire, que había más disparos que los cuatro días de combate en Trinidad (. . .) nosotros dijimos, coño, ¿qué es lo que pasa? ¿regresó el ejército?''. *Faure Chomón/entrevista Betancourt.*
Una fuente del II Frente describía al final de la guerra el ataque como una "toma a tiro limpio" y con bastante cinismo agregaba: "Ayer en las montañas no descansamos ni un momento porque un instante de tregua significaba atrasar un tiempo más el momento de la victoria final''. Max Lesnik Menéndez, "10 de noviembre, Escambray heroico'', *Bohemia,* 22 noviembre 1959.

[251] *Abreu/En el último*. . . pp. 247-248. Aldo Isidrón del Valle, "La batalla de Santa Clara'', *Granma,* 29 diciembre 1965.

[252] El 30 de diciembre cayó Maffo tras 20 días de combate, la última posición en la retaguardia rebelde. El I y II frentes, bajo la dirección personal de Fidel preparaban el 31 el ataque definitivo a Santiago mientras negociaban con un sector del ejército un alzamiento militar combinado. Fidel había lanzado un ultimátum ante los titubeos de los militares (que luego culminaron con la traición del general Cantillo) y el avance había de producirse el 1 de enero. El acceso a la provincia ya estaba cortado y el II frente operaría simultáneamente sobre las ciudades orientales. *Diciembre de 1959,* pp. 62-63, 65.

[253] *Dreke/La toma*. . . *Cubela/La batalla*. . . *De la Hoz/Cada santaclareño.*

[254] *Roberto Pérez/entrevista. . . Isidrón manuscrito*

[255] *Morales/El jefe. . . p. 182.*

[256] La secuencia de la rendición puede ser reconstruida a partir de tres testimonios de Núñez Jiménez: "La batalla. . ."; "El Che y un instante de la rendición de Santa Clara", *Casa de las Américas,* enero-febrero 1968; y "Santa Clara, la batalla final", *Combatiente,* 1 enero 1968. Además: *Kuchilán/En zafarrancho. . .* y Josefina Ortega: "La batalla de Santa Clara", *Juventud Rebelde,* 29 diciembre 1983.

[257] *Martínez/7RR. . . pp. 396-398.*

[258] Fue capturado por el capitán Amaury Troyano y los tenientes Tony Martínez y Tony Soto. La multitud quería lincharlo y sólo la intervención de Bordón pudo evitarlo. Oscar Ibarra: "Yo soy el hombre más odiado por Pedraza", *Carteles,* 27 septiembre 1959; "Prisión y muerte de Joaquín Casillas", *Bohemia,* 11 enero 1959. *Isidrón/Che, un ejemplo. . .*
Existen dos fotografías que muestran muy claramente el intento de Casillas de quitarle el arma al rebelde que lo custodiaba. En ellas se ve el forcejeo y el momento del disparo. "Así murió el criminal. Último minuto de Casillas Lumpuy", *Bohemia,* 18-25 enero 1959.

[259] Hay fotografías que muestran a los rebeldes haciendo el inventario del enorme arsenal encontrado en el cuartel Leoncio Vidal. José Sergio Velázquez, "La batalla de Santa Clara", *El Mundo dominicial,* 30 septiembre 1962.

[260] *Nydia Sarabia/Mujeres. . .; Surí/El mejor. . . p. 101; Chomón/entrevista Betancourt.*

[261] *J.A. Rodríguez/La bala. . .*

[262] *Valdés/Consecuente. . .*

ÍNDICE

IMPRESO Y HECHO EN MÉXICO
PRINTED AND MADE IN MEXICO
IMPRESO EN LOS TALLERES DE
IMPRESORA PUBLI-MEX, S.A.
CALZ. SAN LORENZO 279-32
INDUSTRIAL IXTAPALAPA

EDICIÓN DE 1000 EJEMPLARES
JULIO DE 1989